聞き語りシリーズ

リーダーが紡ぐ私立大学史❷

桜美林大学

佐藤 東洋士

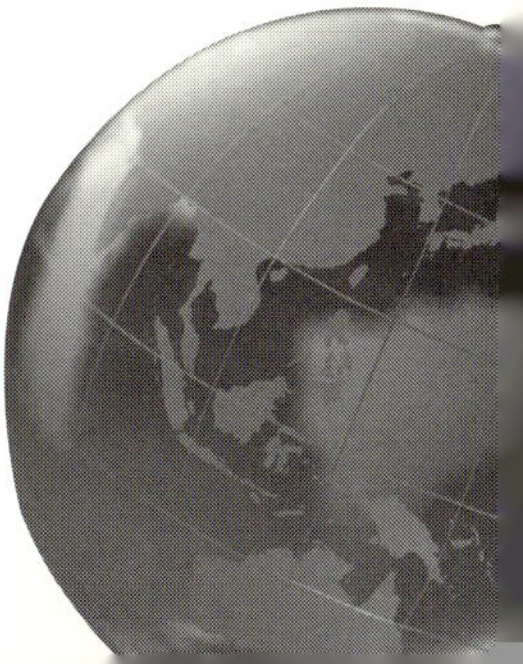

企画・協力　日本私立大学協会
著　　　者　平山 一城
発　　　行　悠光堂

はじめに

桜美林大学の学生、卒業生、教職員らは互いに「オベリンナー」と呼び合う。

1966（昭和41）年のスタート時、わずか100人規模の入学定員だった大学は現在、学生数が1万人に迫るまで成長し、卒業生は10万人を超えた。

佐藤東洋士（とよし）は2017（平成29）年5月の春の叙勲で、桜美林学園の理事長・学園長として「旭日重光章」を授与された。

大学の1期生として入学し、卒業後もこの大学に勤めて、やがて学長（現在は総長）を任され、ひたすらこの大学の発展のために努力を重ねてきた。

誕生から、さまざまな困難を乗り越え、そして現在へと、大学の成長過程のすべてを見てきた佐藤への叙勲は、まさに「オベリンナー」を代表しての栄誉と言ってよかった。

中国・北京に生まれた。1944（昭和19）年8月、太平洋戦争で日本が敗北する1年前である。両親は「崇貞（すうてい）学園」という北京にあった学校の教員だった。

キリスト教宣教師として中国に派遣された清水安三が、貧困に苦しむ子供たちのために開いたこの学園こそは、桜美林の母体となる。
敗戦とともに、学園は中国側に接収された。すべてを失った清水が帰国して、東京・町田に土地を求め、1946（昭和21）年、その「復活の丘」に設立したのが桜美林学園である。

丘には、見事な桜の林がある。学園名を考える中で浮かんだのが「桜美林（おうびりん）」だった。清水が大正時代に留学し、その教育理念に傾倒したアメリカの名門、オベリン大学に通じる響きがあった。

その美しい名前にはこうした由来があり、「オベリンナー」たちは、崇貞学園と、その教育理念となったオベリン大学の2つの存在を大切なルーツとしてきた。

ただ、その佐藤は一直線に桜美林大学に入ったわけではない。終戦後、帰国した一家は清水の学園とは別のところで生活し、佐藤自身すでに慶応大学に入学していた。

「半ば強制的に、この大学に入学させられてしまった」。その背景には、キリスト教を通して佐藤の祖父から続く「3代に渡る」清水との縁が働いていた。

「プロビデンス（神の摂理）」の語を好んで口にした清水は、「東洋士君を入学させるのが神の思し召し」とでも考えたのだろうか。このクリスチャンの強引な誘いがなければ「オベリンナー・佐藤」は誕生していなかった。

しかし「大学人」の道を歩み始めると、めきめき頭角を現す。清水の死後、「佐藤の快進撃」と、周囲も驚くほどの活躍が始まる。

学部を廃止して「学群」制へと移行する学内改革を断行し、「建学の精神（キリスト教精神に基づく国際的人材の育成）」に磨きをかけ、「リベラルアーツ教育の桜美林」を不動のものにした。

対外的にも、コーディネーター（組織調整者）の力量が注目され、文部科学省の学校法人運営調査委員会や中央教育審議会（中教審）などに参画し、日本私立大学協会（私大協）では副会長として創立70周年記念事業を担当する大役を担った。

世界大学総長協会（ＩＡＵＰ）では3年間に渡って会長を務め、「日本のグローバル化を代表する大学」の国際的な存在感を高めた。

桜美林大学のモットーは「学而事人（がくじ・じじん）」である。

オベリン大学の〝learning　&　labor（学びかつ働く）〟を範とする「学んだことを社会や人々のために役立てる」の精神が、その活動のエネルギー源となり、難問を抱える私立高等教育の世界で、佐藤を無くてはならない存在に押し上げていた。

「クリスチャン・スクールの本当の校長は、イエス・キリストご自身」「教育とは結局のところ『愛』である」

自らキリスト教徒である佐藤は、この清水の言葉を胸に大学運営に邁進してきた。常に自ら、「主の小さな僕（しもべ）」であることを忘れず、「Tolerance（他人の言動に対する寛容さ、寛大さ）」を旨としている。

それは「隣にいる人たちの痛みを知ること」でもあり、「国際的人材の育成」という建学の理念は、その寛容さの上にこそ成り立つと考えてきた。

２０２１年、桜美林学園は崇貞学園の設立から１００周年となり、桜美林大学は開設から55年の節目を迎える。

大学の拡大とともにキャンパスの「世俗化」が進む中でも、学生たちには、キリスト教精神が現代社会に投げかける光の尊さについて考えてもらいたい。

道徳教育の大切さが叫ばれる今こそ、自分に与えられた能力を活かす道を探し求め、謙虚に真摯に生きることの大切さを思うからである。

佐藤は考える。「どんな組織も、それを率いるリーダーのスケール（大きさ）を超えることはない」と。だから自己研鑽を重ね、自らを高めるほかはない。

戦後のベビーブームの中で誕生した新設大学をどのように動かし、私学の最前線へと引き上げてきたのか。

桜美林大学が新たなステージへ進もうとする今、佐藤との対話を繰り返し、そこで考えたことをまとめた。

なお本書では、お名前をあげた方々の敬称を省略させていただいた。あらかじめ、ご了承願いたい。

平山一城

2018年6月

目次

第3章　覚悟の「快進撃」、そして100周年へ

第1章　「カリスマ・清水の大学」を継承・拡大

①「桜美林は良い学校」、皇后さまのお言葉

▼「復活の丘」に開かれたキャンパス

インタビュー取材を重ねるうちに、多摩丘陵は桜の季節を迎えていた。東京都町田市、ここに桜美林大学のメインキャンパスがある。

JR淵野辺（ふちのべ）駅、京王・小田急の多摩センター駅の双方から、それぞれ無料のスクールバスがあり、筆者は、センター側から学生たちとバスに乗った。

新緑の芽吹きが始まった丘に、桜が咲き誇っている。街路樹として手入れされているソメイヨシノが、バス道に満開の花のトンネルをつくっている。

この贅沢な眺めを楽しんでいると、キャンパスまでの約20分があっという間に過ぎ、大学の建物群が見えてくる。

終戦直後、水田や麦畑の広がる農地だった場所に、お洒落なコンクリートの建物が肩を並べるように立つ。あれから70年余の月日がたった。

キャンパスには、正門も塀も柵もない。守衛もおらず、自由に出入りできる。「誰にでも広く開かれていることを象徴し、国境や文化を越えて学ぶ姿勢を表しています」。学園のホームページには、そう記されていた。

「教師は常に学生と同じ目線であるべきだ、と当初は、教室に教壇も設けなかった」という創立者、清水安三の教育理念の象徴である。

地域に開かれたこのキャンパスのもう1つの特徴は、建物それぞれに漢字の名前がつけられていることである。

「亦説館」「止戈徳館」「一粒館」と、難しい名前もあるが、その1つひとつに学園を運営してきた人たちの思いが込められた。

大学の資料には、たとえば「亦説（えきせつ）館」については、「説は悦に同じ。学んで時に之を習ふ。亦説（またよろこ）ばしからずや、という『論語』巻頭から名付けたものです。悦んで学問に励もうという意味の建物です」とある。

「止戈徳（しかとく）館は、『武』という文字が、戈（ほこ）と止という2つの文字の合字であることから、戈を止めることが、真の武勇であるという意味で命名されました」……といった具合に、新入生や訪問客にも分かりやすく説明される。

「崇貞（すうてい）館」は、清水が中国・北京に設立し、この学園のルーツとなった学校に由来する名前である。

「復活の丘」――。敗戦により北京の崇貞学園は中国当局に接収され、帰国後の〝いくつもの偶然〟によって手にしたこの土地に、清水夫妻はそう名付けた。

そして新しい施設が増えるごとに、中国の故事にならって命名することで、崇貞学園で目指したキリスト教精神による教育理念を開花させようとした。

漢字ばかりの中に、カタカナ名の建物が1つだけある。「サレンバーガー館」。この名の由来は次のように伝えられる。

この丘にあった旧陸軍の兵器廠（しょう）の寄宿舎で学園をスタートしていた清水夫妻に、ある日、アメリカ人の青年が施設に立つ十字架を目にして車から降り、声をかけてきた。

「クリスチャン・スクールですか」。1950（昭和25）年、厚木基地に駐在していたチャプレン（聖職者）、カール・サレンバーガーだった。

校舎を一巡し、「寄宿舎ばかりで、クラス・ルームは1つもないではないか」と問いかけてきた彼に、清水は農地の広がる丘を指さして、「校舎は、あの丘の上にあります」と応じた。

さらに「貴君には見えませんかね。私の眼には、鉄筋コンクリートの校舎がずらりと並んでいるのが見えるのだが……」と言った。

それは、「今は何もない丘に校舎を」という清水の「夢」を語る言葉だった。

サレンバーガーは、「将来への夢」を描くこの言葉に即座に反応して、笑顔をみせ、「ボクが土地を買ってあげよう」と約束する。そして、厚木基地での礼拝で数年にわたって2000ドルを集め、校地購入の費用として寄付してくれた。

当時のレート、1ドル＝360円と日本人の平均所得1万3000円を考慮して、学園が現在の価値に換算したところ、2億4000万円にも相当し、5000坪の土地の追加購入につかわれた、という。

サレンバーガー館は、そんなアメリカ人への感謝の証しである。そして、このように、それぞれの建物の名前には学園の再出発のために協力を惜しまなかった恩人たちに報いる思いが込められている。

いくつのも〝偶然〟、と書いたが、サレンバーガー牧師との邂逅（かいこう）に象徴される「めぐり合わせ」をそう呼んでいいものかどうか。

「この学園には、単なる偶然ではなく、神様の『思し召し』としか思えないめぐり合わせがいくつもある」と関係者は言うのである。

▼叙勲後のチャペルで「お言葉」を披露

佐藤東洋士は、このキャンパスの本部建物「栄光館」の5階で執務している。

2012（平成24）年に学長職は退いたが、現在も大学の総長であり、さらに桜美林学園の理事長・学園長として忙しい毎日を送っている。

「学長を辞めて、学生たちと接する機会が少なくなった」という佐藤は2014年から毎年、5月末の「創立記念週間」にキャンパスのほぼ中央にあるチャペルで学生たちに話(説教)をしている。

チャペルは「荊冠(けいかん)堂」という。イエス・キリストが十字架にかけられたときの「荊(いばら)のクラウン(冠)」のことで、これに3本のクギをあしらったスリーネイルズ・クラウンが桜美林大学のシンボル・マーク(校章)にもなっている。

「苦難を経て栄光に至る」。全人類の救いのために捧げられたキリストの精神を「学びの柱」とすることを象徴している。

荊冠堂では、日々の礼拝を含めて、創立記念週間やキリスト教強調週間、クリスマス音楽礼拝などに、心温まる話を聞く「チャペルアワー」を実施し、学生たちに参加を呼びかけている。

2017年の創立記念週間のチャペルアワーに、佐藤は「変えて良いものと変えてはいけないもの」というタイトルで話した。

この年の春の叙勲で、長年の高等教育への貢献が認められ、旭日重光章を受けていた。5月9日に皇居で内閣総理大臣、安倍晋三による伝達式があり、他の受賞者らとともに天皇陛下に謁見した。

佐藤はこのことを話のまくらに、「皇居には、他の桜美林関係者もうかがう機会があるのですが、皇后陛下にお目にかかり、『桜美林って良い学校なのね』とのお言葉を頂戴したというられしい報告を受けるのです」と語っている。

「良い学校」とは桜美林大学の卒業生たちが日本の社会の各界で活躍するようになっていることもあろうか。

加えて、佐藤にはここで、どうしても披露したい「皇后陛下と桜美林をつなぐ忘れられないエピソード」があった。

「実は、皇后陛下の学生時代のご友人とうかがっている方のお嬢さんも、桜美林の卒業生です。当時の文学部英語英米文学科に入学したその学生には、視覚障害がありました。彼女は盲導犬を連れて学生生活を送っていました」

「私は、すれ違うときに、いつもこちらから声をかけて挨拶していました。すると、『ごきげんよう』という返事が返ってきて、『ああ、この子はずいぶん育ちが良いのだな』と思ったものでした」

事実、この学生は幼いころから東宮御所に呼ばれて、皇后陛下のお子様たちと遊んでおられた。そうした場で、桜美林での大学生活についても話題になることがあったのかもしれない。

「きっとそのことも印象深く、皇后陛下は桜美林の関係者に会うたびに、『良い学校なのね』のお言葉をおかけくださるのだと拝察しています」

こう伝えられると、チャペルアワーに集った新入生たちの表情が生き生きと輝いてくるのが感じられた、と言う。

桜美林大学は２０１６（平成28）年に創立50周年を祝っており、２０１７年は、大学が新しい半世紀への飛躍を踏み出す節目の年でもあった。

この大学の１期生として入学し、卒業後もこの大学一筋に仕事をしてきた佐藤にとって、至福の瞬間だった。

しかも学生時代から、障害のある人たちのために働きたいと考えていた佐藤にとって、ハンディのある学生を通して皇室との縁が深まり、そのことを学生たちに報告できることが何よりうれしかった。

ただ、「桜美林って良い学校なのね」というお言葉も、佐藤自身は、皇后陛下から直接にお聞きしてはいない。

「何度かお目にかかる機会はありましたが、そうしたときは、『桜美林大学の佐藤』とは名乗らず、『大学審議会の会長です』『日本私立大学協会（私大協）の副会長です』などと学外で務める役職名をお伝えします。残念ながら、皇后陛下から直接そのようなお言葉を頂戴したことはありませんが、周りからそのような報告があるたびに、とてもありがたいことだと思うのです」

▼桜美林一筋に、いくつもの「めぐり合わせ」

旭日重光章の祝賀会は、2017年7月1日、帝国ホテルで盛大に挙行された。佐藤の友人や学園の理事たちが発起人となり、日本私立大学協会会長の大沼淳、日本私立学校振興・共済事業団理事長の河田悌一らを含めた約230人が集まった。

式のあいだ、壇上に設けられた席に夫人とともに座った佐藤の脳裏には、桜美林学園との思い出が渦巻いていた。

不思議な縁なのである。

73歳になっているが、「あのとき、もしも、あのことがなかったら」と思わせるようなめぐり合わせが数えきれないほど、佐藤にはあった。

1944（昭和19）年8月13日、日本が第2次世界大戦に敗北するちょうど1年前の夏、北京で生まれた。

「赤ん坊だった私は、北京で清水先生が運営していた学校、崇貞学園の講堂に寝かされていたことが多かったのです。両親ともその学園の教師をしており、音楽担当の母、佐藤道子がピアノを弾くかたわらに乳母車が置かれていたのです」

その佐藤が5歳で日本に引き揚げ、やがて、「崇貞学園が日本に蘇った」と言ってもいい桜美林大学に入学する。卒業とともにその大学で働き始め、今、学園の代表として勲章を受け、祝福されている。

「桜美林に務めて47年、当初は障害のある人たちのために仕事をしたいと考えていましたが、思いもよらず学長、理事長、学園長まで務めることとなりました。桜美林大学も入学定員100人程度の規模から、学生総数1万人規模にまで成長しました。今後も、感謝と祈りを忘れずに精進してまいります」

祝賀会の最後に、淡々とあいさつした佐藤だったが、心の中は、佐藤家と崇貞学園の不思議なつながりを出席者の1人ひとりに語りかけたい思いでいっぱいだった。

アメリカの青年、サレンバーガーが学園の前を通りかかり、玄関の屋根に立つ十字架に気づくことがなかったら……。そもそも、帰国した清水夫妻に、その多摩丘陵の土地を紹介した賀川豊彦がいなかったら……。

桜美林学園という学校がいくつもの不思議を経ているように、佐藤の人生もたくさんの不思議に彩られている。

清水には、口癖のようになっていた言葉がある。プロビデンス（神の摂理）。何度聞かされたかわからないその言葉を、佐藤は改めて噛みしめていた。

「明日のことを思いわずらうな。明日のことは明日自身が思いわずらうであろう。１日の苦労は、その日だけで十分である」（マタイ福音書第６章）

もともとキリスト教の家に生まれた佐藤だが、いつしかこの新約聖書の聖句が自らの生きる指針となっていた。

今取り組むべき課題は何か。どんな方法で進めればいいのか。大学運営は日々、頭を悩ませることの連続である。

しかし、それがうまくいくかどうか、を思い悩むことはやめよう。大切なのは「その日その日、与えられていること、しなければならないこと」をしっかりと務めること。それを神は見てくれている。

チャペルアワーで新入生たちに伝えたかったのも、そのことだった。

「ラインホルド・ニーバーという神学者に、有名な祈りがあります。『神よ、変えることのできるものについて、それを変えるだけの勇気をわれらに与えたまえ。変えることとのできないものについては、それを受け入れるだけの冷静さを与えたまえ。そして、変えることのできるものと、変えることのできないものとを、識別する知恵を与えたまえ』と……」

「『変えられない、決まりでこうなっている』と言われることもあるでしょうが、しかし変えた方が良いというものは変えたら良いのです。学園にも、そういうことはたくさんあります。変える必要があったら変えるのだという、勇気を持つことが大切なのです」

このことを自らの戒めとし、学園運営に打ち込んできた佐藤にとって、「桜美林って良い学校なのね」という皇后陛下のお言葉ほどうれしいものはなかった。

▼明治天皇の「恩賜の銀時計」を受けた祖父

桜美林学園の淵源は、１８９１（明治24）年に生まれた清水が１９２１（大正10）年、北京で貧しい子供たちの学校、崇貞学園を開いたことにある。

そこから数え、２０２１年には創立１００周年を迎える。

清水の生家は、琵琶湖の西岸、現在の滋賀県高島市であり、地元の小学校から、旧制の県立膳所中学校（大津市にある現在の膳所高校）に進んだ。

「近江聖人」と敬われた江戸時代の陽明学者、中江藤樹の地元であったことから、その生き方に強い影響を受けた。さらに、膳所中学で英会話を教えていたアメリカ人建築家で、キリスト教の伝道者でもあったウィリアム・メレル・ヴォーリズに出会うことで、キリスト教にふれ合うようになった。

洗礼を受けて、京都の同志社大学神学部を卒業する。一時、兵役に就いたものの、その後、大阪の組合派教会から中国派遣の最初の宣教師として、かの地に渡っていた。

「そのとき、清水先生は大阪朝日新聞の社会部長だった長谷川如是閑のインタビューを受け、中国での伝道を語る中で、『ボクはシナ（中国）へ行って、20代のうちに小学校を、30代には中学校を、40代には高等学校を、50代には大学を立てるつもりです』と教育への情熱を示し、記事にもなったという話が残っています」

そんなエピソードを教えてくれた佐藤だが、中国に渡った清水との関係はどのように生まれたのだろうか。

佐藤定吉（ていきち）、東洋士の祖父であるこの人こそ、佐藤家と清水とがめぐり合うきっかけをつくった人物である。

定吉は佐藤の母、道子の父親で、清水より４つ年上の１８８７（明治20）年の生まれである。

この人をめぐる家族の歴史は、第２章で詳しく述べたいが、定吉が日本のキリスト教界で広く活動していたことが、清水とのつながりをつくり、その縁で佐藤の両親が清水の北京の学校で働くことになった。

この祖父の代から数えると佐藤はクリスチャン一家の3代目であり、「キリスト教が空気のように当たり前の環境」で育っている。

定吉は「東洋士」という、佐藤本人によると「これまで2人しか会ったことがない」という珍しい名前の名付け親だった。さらに、日本に帰国して別居していた両親が離婚したことで佐藤姓を名乗ることになるこの孫の父親代わりでもある。

佐藤の生き方は、この祖父の影響を除いて語ることはできない。


定吉は、四国の徳島県の出身で、東京帝国大学工科大学に入学後の1910（明治43）年、本郷の弓町本郷教会で海老名弾正から洗礼を受けた。

1912（明治45）年7月の大学卒業時に、明治天皇から最優等生に与えられる恩賜の銀時計を授与される。

「この年の銀時計組には、末弘厳太郎、金森徳次郎、岩下壮一、庄原和作らがいましたが、7月といえば、明治天皇の崩御直前で、病躯をおしてご臨席された、と聞いています」

「その後、定吉は東北帝大教授を務めるのですが、1924（大正13）年8月12日、3

歳の五女、滋子を今では考えられないバナナが原因のチフスで死なせるという悲運に見舞われるのです」

そのとき定吉は「全東洋をキリストへ」という神の声を聞いたと言う。

そこで帝大教授の職を辞して市井の化学者、工学博士となり、「イエスの僕会」という会を全国の学生たちの間に組織するなど、キリスト教のエヴァンジェリスト（伝道者）として生涯を捧げることになった。

そうした運動の一環として定吉は、ハワイのホノルルで開かれた「汎太平洋平和会議」に沢柳政太郎、野口英世らとともに日本代表として出席する。ここで、ヴォーリズや後に清水の妻となる小泉郁子と出会い、交わりを深めるのである。

佐藤の誕生日は8月13日だった。つまり8月12日が命日である五女、滋子の生まれ変わりのように定吉には思われたのだろう。東洋士の名は定吉への召命となった「全東洋をキリストへ」から付けられた。

定吉には『皇国日本の信仰』などの著作もあり、その信仰は神道とも深くつながった「日本的キリスト教」と評されることもあった。

佐藤は、この祖父から「明治天皇の最後の年に、恩賜の時計を授かった」ことを聞かされ、皇室への尊崇の念を深めていた。

そのこともあって、「桜美林って良い学校なのね」という皇后陛下のお言葉が、なお一層痛切に響いたのである。

②佐藤家と清水との「3代に渡るつき合い」

▼慶応大入学も、桜美林大1期生への転身

1966（昭和41）年、4年制の桜美林大学が認可されたとき、佐藤は「半ば強制的に入学させられた」と言う。

当時、慶応大学経済学部に在籍しており、決して希望に沿う進路変更ではなかったというのだが、「東洋士君の家とは、3代のつき合いではないか」という清水の誘いの台詞（せりふ）が動かしたらしい。

日本に戻り、桜美林とは離れて生活していた佐藤が果たして、この言葉だけで入学を決めることになったのだろうか。

そのことを説明するには、まずは清水夫妻が日本に引き揚げ、桜美林大学を立ち上げるまでの経緯を見ておかなければならない。

佐藤によると、キャンパスの丘の上の緑道にはチャペルとは別に桜美林教会が造られており、そこの近くに神社のような社（やしろ）があった。

「清水先生は、その中に、この学校がいろいろな意味でお世話になった人たちのことをペンで綴った『報恩録』という冊子を納めていました。クリスチャンの学校に『神社』では具合が悪いと、彼は、人の社と書いて『報恩人社』と呼んでいました」

恩を受けた人たちに報いたい、その思いが込められた「報恩録」である。そこには、先に記した従軍牧師、サレンバーガーら多くの人たちが列挙され、それぞれの交わりが記されている。

その筆頭にあるのが「賀川豊彦」である。

キリスト教社会運動家、社会改良家として当時、世界的にも知られていたこの人物こそ、桜美林のキャンパスの用地取得を可能にしてくれたその人である。

清水は1933（昭和8）年、苦労を共にした妻の美穂を亡くしている。その後、男女共学論者として有名だった教育家、小泉郁子と再婚する。

日本の敗戦により、崇貞学園は中国側に接収される。美穂との間にあった2男1女は自活できる年齢になっていたが、私有財産まで没収された清水は郁子と2人で、敗戦の翌1946（昭和21）年、無一文に近い状態で帰国した。

その清水は、またしても奇跡のような出来事に遭遇する。

「仕事を探そうと東京・神田を歩いているとき、路上で賀川さんにばったり出会うのです。面識はあり、著作も読んでいた賀川さんに2人は必死に、『農村に入り、学校と教会を建てたい』と話しました。彼は偶然にも、進駐していたアメリカ軍と太いパイプを持っており、そのつてで軍用地の土地と建物を紹介してくれたのです」

それが当時、JR横浜線・淵野辺駅の北側にあった水田や麦畑の農地と、旧日本軍の兵器廠だった。

この土地をキャンパスにして1946年5月29日、旧制の高等女学校として設立認可を受け、桜美林学園がその歴史をスタートする。

恩人となった賀川が初代の理事長に就任する。学園長には清水の妻、郁子が就いた。

その後、中学校、高等学校を次々に開校、1950（昭和25）年には桜美林短期大学の設立にこぎつけ、やがて、これに幼稚園、4年制の桜美林大学が加わるのである。

「東洋士君、プロビデンスだよ。神の摂理だ」。清水は、桜美林大学に関わるようになった佐藤に折あるごとに、こう語って聞かせた。すでに口癖のようになっていた。

賀川との邂逅はその最たるものだが、こんな出会いを繰り返せば、キリスト教徒でなくても、その陰に「神意」のようなものを感じざるを得なくなるだろう。

そして佐藤自身も、「3代のつき合い」と清水の言う佐藤家と桜美林とのつながりに、運命的なものを感じるようになっていた。

「清水先生には、『あまり先のことを心配しても仕方がない。今、与えられていることをきちんとするように』と言われました。そして、いろいろな人のおかげでこの学校ができていることを知り、人にはそれぞれ役割があり、その役割をずっと続けていけば、それを神様が守ってくださる、と考えるようになったのです」

キリスト教の家庭に育ってはいたが、清水の生きる哲学のようなものを聞かされることで、佐藤の生き方にずしりと芯が通った。

いつの間にか、「明日のことを思いわずらうな。明日のことは明日自身が思いわずらうであろう」の聖句を自らの金言として、毎日の仕事に全力で打ち込むことに徹するようになっていた。

▼清水の50年越しの「夢」だった大学

「実は、清水先生にも、特別な聖書の言葉があるのですよ。『為（せ）ん方つくれども希望（のぞみ）を失わず』（コリント後書）です。これは、すべてを失って北京を去るときに、むこうの学校で働いていた人たちに託された言葉です」

佐藤はそう教えてくれた。

中国に向かう直前、新聞のインタビューで清水は「ボクはシナ（中国）へ行って、20代のうちに小学校を、30代には中学校を、40代には高等学校を、50代には大学を立てるつもりです」と語っていた。

その「夢」が無残にも断たれ、見通しの全くないままに帰国を余儀なくされた。その清水の心中を思い、北京の同僚たちが贈ってくれた聖句であった。

「幸い、偶然の用地取得ができ、学園の卵は誕生しました。そこに『復活の丘』と名づけたのは、その夢が消えることなく発展することを願ったものだったのです。しかし、帰国したときは、すでに50代半ば、しかも、大学開設の目算は立っていません。その清水先生を支えたのが、この言葉だったのです」

為すすべがないように見えても、希望を捨ててはいけない。そこで清水は、その名も『希望は失わず』という本を書いた。

筆が立ち、北京では新聞や雑誌にも寄稿し、何冊かの著作をものしていたこともあり、新たな本を担いで全国を無銭旅行し、売りさばいた。

アメリカやブラジルといった米大陸の国々にまで足を伸ばし、各地に生活している日系の人たちに本を売り、建学の趣旨を説明して寄付金を求めた。

「滋賀の出だったので、〝近江商人〟などと呼ぶ人もいましたが、清水先生は自ら、『行商、押し売りこそは私の理想。教会堂の隅に眠らしていただき、禅僧のごとく托鉢する。乞食（こじき）こそは私の理想である』と語って、動じなかったそうです」

この情熱こそは「桜美林大学の原点」と、佐藤は力説する。

大学キャンパスのほぼ中央部に、１つの句碑が立っている。

「夢、大学の設立こそは少（わか）き日に新島襄に享（う）けし夢かも」

これは、文部省（当時）に申請していた4年制大学の設立認可の内示が下った日に詠んだと言われている。

「清水先生は74歳になっていました。この内示に、すでに設立されていた短大、中学、高校の全職員、そして全学生と共に喜び合ったそうですが、この句にあるように、大学設立の夢を持つようになるのは、同志社大学の創立者、新島襄の影響が大きかったのです」

清水は膳所中学時代に地元の大津教会で洗礼を受け、その日の礼拝説教で、京都四条教会の牧師、牧野虎次の話を聞いた。

「新島先生は、よくこうおおせられた。すなわち神は同志社のキャンパスにころがっている『石ころ』さえも、なおよく新島襄とはなしうるのである」

これは、聖書のルカ福音書第3章にある洗礼者ヨハネが人々に悔い改めを求めた言葉によった説教だったが、この話の内容が清水を同志社の神学部へ進学させ、また、牧師の道へと至らしめたと、言われる。

清水は、「神はこの石ころのような劣等生、清水安三をすらも、なお同志社の創立者、新島襄となしうる」と自分に当てはめて考えた。

「そうだ！　おれは確かに石ころなのだ。けれども、神もし用いたもうものならば、おれごとき者でも新島襄になりうるのだ、こらあ、なんたる福音だ」

その興奮を当時の『キリスト新聞』に「起きろ石ころ」として寄稿している。

家が貧しく、学業成績もそれほどでなかった。しかし清水は、同志社は無試験で入れること、毎朝、牛乳や新聞を配達しながら苦学している学生がたくさんいることを聞かされ、「私の前に開かれていたただ一筋の道が同志社大学」と思うまでになっていた。

「本当に、心が躍っているのがわかる文章です。このときから、清水の夢は、新島のようにキリスト教の大学をつくることになったのです」

そう佐藤は言う。しかし、その4年制大学の夢の実現を目前にしたとき、思いもしない悲しみが清水に降りかかる。

▼妻・郁子を亡くした清水との運命の再会

清水を襲った悲劇、それは学園長を務めていた妻、郁子の突然の死だった。

「何しろ私の不在中に倒れたのであったから、倒れたときの状況は全く不明である。多分6月13日の午後3時少し過ぎだったろう。キッチンで卒倒したものらしい」

「ちょうど私は、越後長岡教会の牧師館で、夕食を数名の新潟大学の学生と共にとっていた。すると、お向かいの弁護士の女中さんが来られて、『清水先生の奥様が脳溢血で卒倒され、意識不明です』との電話があったと……」

清水は、当時の学園誌『復活の丘』で、そう記した。

桜美林大学が開学する1年半ほど前、1964（昭和39）年6月のことである。

「清水先生は自分の誕生日である6月1日、『いよいよ、4年制大学の設立に取りかかるぞ』と宣言して、大学設置要項や資金調達の本格的な準備を始めた矢先でした。なおのことショックは大きかったのです」

のちに佐藤はそう聞かされるのだが、実は、この郁子の急逝こそが、清水との運命の再会をもたらす。

佐藤には、北京時代の清水の記憶はほとんど残っていない。母の道子が北京の崇貞学園で音楽を教え、赤ん坊だった彼は母の弾くピアノのそばで、乳母車に寝かされていた。

生まれたのが1944（昭和19）年8月13日である。崇貞学園は1年後の敗戦によって接収され、清水夫妻は間もなく日本に引き揚げてしまった。

「私の両親は、骨を埋めるつもりで北京に行っていましたから、その後も、現地の教育関連の仕事を細々と続けていました。ところが、国民党と共産党との内戦が激化し、そして共産党政権ができた1949（昭和24）年、帰国せざるを得なくなるのです。私は5歳になっていました」

帰国といっても、彼にとっては初めての日本である。

落ち着いたのは長野県軽井沢にある祖父、定吉の山荘だった。家族は、両親と1つ年下の弟の4人だったが、父親は広島県の学校に職を見つけて赴任し、その別居のまま両親は離婚する。

祖父が「父親代わり」になり、母と子2人はやがて東京に出て暮らすようになる。祖父の血を引く母も厳格なクリスチャンで、佐藤も高校1年、16歳の誕生日に祖父によって洗礼を受けた。

だから、帰国後は「桜美林とは離れた生活」をしていたわけだが、それを引き戻したのが郁子の死だった。

このとき慶応大学に籍のあった佐藤だが、高校で発病した結核の病み上がりで、体調に不安を抱えていた。苗字も、北京にいたときの「河野」から母方の佐藤に変わっていた。

「郁子先生の告別式が済んでしばらくして、母が清水先生のお見舞いをしたいので、車を運転するようにと言われ、訪ねることになりました。町田街道もまだ舗装される前の砂利道でした。お見舞いのはずですが、先生は私の身体を気遣って逆に励ましてくれるのです」

「そして先生は、いよいよ4年制大学ができることを淡々と語り、私が、その新設大学に入学することをすでに決めておられる様子だったのです。初めは戸惑いましたが、大学が開設されると、そこに自分が1学生として在籍することになるのです」

結局、慶応大学を中退して、桜美林大学の文学部英語英米文学科の第1期生の1年生として入学した。4年制のスタートは文学部の1学部に、英語英米文学科と中国語中国文学科との2学科体制だった。

「決して希望したものではなかった」と言う。ではなぜ、この決断をしたのだろうか。

1つは、結核で休みがちだった高校時代に、1つ下の弟が先の学年に進んでおり、その弟が別の高校から慶大に入っていたことがあった。

しかし、さらに決定的だったのは、「キリスト教が当たり前」の家庭に育ち、祖父のキリスト教運動に触れ、母親との教会通いを重ねる中で、障害のある人たちや高齢者、病気の人たちを支援する団体の存在を知ったことである。

それらは第2章で詳しく述べるが、そうした経験が、「弱い立場の人たちのためのコミュニティ」を創りたいという理想を抱かせるようになっていた。

そのことが、貧困や差別にあえぐ子供たちに手を差し伸べる北京での活動の精神を貫き通し、「教育は愛である」を信念にキリスト教教育を具現化しようとする清水の大学に、身を置かせる強い誘因になっていた。

▼「学而事人」、オベリン大学を範としたモットー

あたかも、佐藤と清水とを引き合わせるかのように郁子は亡くなったが、実は、「桜美林」という名称を考えたのも彼女だった。

北京での「崇貞」の名を引き継ぐことも考えたが、中国側との関係も考慮して、そのことはあきらめざるを得なかった。

文部省とかけ合い、満開の桜の下で高等女学校の創立事務に奔走していた1946（昭和21）年4月のある夕暮れ、知人に紹介してもらった宿の風呂につかっていた郁子が、「よい校名を思いつきましたよ。『桜美林』にしましょう」と清水を呼んだ。

1924（大正13）年、支援者の資金提供を受けて、アメリカ・オハイオ州のオベリン

大学に留学した清水はそこで、郁子と知り合った。

「郁子先生はそのとき、『2人が留学した大学の精神的支柱、ジャン・フレデリック・オベリンは、私たちがこれから生きようとする理想の生涯を見事に生き抜いた人物だから、オベリンという名前に』と言ったというのです」

それは、多摩丘陵の桜の美しい林、「桜美林（おうびりん）」の発音とも、ぴったりと重なっていた。清水は、郁子の才気に改めて感嘆していた。

今桜美林大学は、英語の大学名に「J. F. OBERLIN」を冠し、学生も教職員たちも自らを「オベリンナー」と呼んでいる。

「今、桜美林大学のモットーは『学而事人』です。これは〝learning & labor〟というオベリン大学の教育理念がヒントになりました。当時の中国は、清朝からの『学問のための学問』という伝統が強く、清水先生は、その習慣を改め、学んだことを社会に還元しようと訴えるために、オベリンの理念を中国風の熟語に置き換えたと言われます。本学では、その精神を大切にする伝統が生きているのです」

佐藤はそう語り、「清水夫妻の教育そのものが、まさに、『学んだことを人のために尽くす』ことであり、大学づくりはその具現化と位置づけることができるのです。彼らが理想としたオベリンは、まさにその理念を貫いて生きた人だったのです」と説明した。

では、「キリスト教精神に基づく国際的人材の育成」という建学の精神はどうだろうか。

これは桜美林学園の創立の理念として、文部省にも提出されたものだが、佐藤は「これも清水先生が中国という異国で活動を始め、さらにそこからアメリカへ留学した経験に基づいている」と言う。

佐藤によると、清水は玄界灘を越えて大陸に渡ったとき、日本を初めて客観視することができた。そして大変な愛国者になっている自分を発見する。

その経験をもとに、アメリカに渡り、「東洋全体をはるか太平洋の彼方から展望し、観察してみたくなった」のだった。

「(当時の) 排日移民法の問題がやかましく伝えられるに及んで、ますますアメリカへ行く心が燃えた」というのだが、初めて渡った北京も、第1次世界大戦の講和内容に反対する「五四運動」の抗日運動の渦中にあった。

清水は「かつての日、私は排日運動の真最中の北京に来た。今度また排日のアメリカに行く、何という興味であろう」と『北京週報』(1924年12月4日号)に寄稿して、アメリカに出発した。

「ところが、身構えて行ったその国で、反感すら持っていた人たちに接するうちに、アメリカ人たちの親切心、やさしさに圧倒されるのです。そして、彼はアメリカの暗い面ばかりを見ていた自分を反省し、その国の明るい面をつとめて見るようになったのです」

こうして清水に、キリスト教主義による「国際人の育成」という教育の理念を固める道が開かれた、と佐藤は見る。

清水は、同志社の新島襄から、教育や学校への夢を授けられた。学園の創立後も、困難に直面すると、しばしば京都に出向いて、新島の墓の前で祈ったと伝えられる。

その彼が、国禁を犯してまでアメリカに渡った新島と同じように、アメリカの大学で学ぶことで、国際感覚の大切さを実感するとともに、教育においてキリスト教信仰がどのような役割を果たしているかを見た。

「このとき、田舎の『石ころ』に過ぎなかった清水先生は間違いなく、自らキリスト教主義に基づく国際人になろうとしていた。そして、そのことを自ら意識するようになったのではないでしょうか」

佐藤は、そう理解している。

③国際学部の開設、転機となる大学人の言葉

▼「今こそ本学で学ぶ価値」、大震災後に強調

「学而事人」は、「学び而（しこう）して人に事（つか）える」と読める。つまり「学んだことを通して人に仕える」という奉仕の心構えであり、キリスト教の「隣人愛」の実践のための教えである。

佐藤は常々、この「学而事人」のモットーを、「国際的人材の育成」の建学の精神とともに学生たちに訴えてきた。

２０１１（平成23）年、３・11東日本大震災のあった翌４月の入学式では、「本学の学長として、このようなときこそ、ぜひ、桜美林大学で学んでほしい」と新入生に語りかけた。この未曽有の大地震によって混乱の中にあるときにこそ、「人にしてもらいたいことは何でも、あなた方も人にしなさい」というキリスト教の黄金律（ゴールデンルール）の教えが活かされなければならない。

「本学では、その精神を理想として掲げ、常にそのことを意識しながら学んでほしい。それが『学而事人』であります。今のような混乱のときには、ひときわ大切になってくる考えであることを強調したいのです」

そう伝えて、「大学での学びや経験を通して、身体的、経済的、社会的に弱い人の立場になって考え、真理と正義を大切にし、個人の価値を尊ぶことを身につけてほしい」と語りかけた。

震災の年2011年は、清水が1921（大正10）年に北京に崇貞学園を設立してちょうど90年に当たった。

そのことを念頭に佐藤は、戦後の混乱期に帰国した清水が苦労の末に、4年制大学の設立に至ったことを説明し、次のように述べた。

「戦後の混乱は今とは比べようもありませんが、そのような中でも清水先生は『為ん方つくれども希望を失わず』、つまり『あらゆる方策が尽きても希望を失わない』という聖書の言葉を胸に、大学の開設に奔走されました」

「どんなことがあっても希望を失わず、大学生活を過ごしてください。そして、周りの人に希望を分け与えてください」

この言葉を新入生への「はなむけ」としたのである。

実はこのとき、佐藤自身がいち早く、「周りの人のため」に奔走していた。

佐藤は、東京都新宿区にある海城中学・高校を卒業している。この学校を運営する海城学園は1996（平成8）年、栃木県那須町に全寮制の男子校「那須高原海城中学・高校」を開校していた。

この学校が、地震の激しい揺れで、教室や寮の天井パネルや空調設備が落下するという大きな被害を受けた。けが人はなかったが、生徒たちは翌日、東京の海城中高に移動せざるを得なくなった。

宿泊場所に頭を悩ませていたところに、佐藤が、桜美林大学の多摩アカデミーヒルズ（多摩市）を宿泊施設として提供することを申し出た。

それぞれの実家から通学できない生徒、さらに教員も、この施設で寮生活できるようになった。

寮生活から突然の遠距離の満員電車による通学に変わり、戸惑いもあったようだが、野球部など運動部の生徒たちは、佐藤の要請に応じた多摩市の協力で、廃校になった中学校が使えた。

「多いときには中高あわせて70～80人が生活していました。校舎や施設が復旧するまで、3年くらいで戻れると思っていたのですが、結局、6年間、最後の子供が卒業するまで預かることになりました」

「私自身が海城学園の卒業生ですから、何かサポートするのは当然のことです。今は多少でもお手伝いできてよかったと思っています。海城の理事長は、当時の私の３年先輩でしたが、最後の生徒まで責任をもって送り出しておられ、立派だったと思います」

結局、那須町の学校は曲折を経て、廃校にせざるを得なかった。このことを語る佐藤の口調は、自分のしたことはあくまで控え目に、周囲の人たちの立場を思いやることに注意が向けられているようだった。

大学の理事長として自ら、「学而事人」のモットーをつつしみ深く実践しようとしている。そのことを強く感じさせるのだった。

▼清水独特の誘いに従い「教職」へ進む

佐藤は、慶応大経済学部で学んでいたとき、「４年制の大学を創るから入らないか」と声をかけられ、１９６６（昭和41）年、文学部１期生として桜美林大学に入学した。そのことはすでに述べた。

経済から文学部という専攻の違う学部に移るには、当時は1年生からの再出発になる。スタート時の桜美林には文学部しかなかったから、仕方がない。

希望した進路変更ではない。それにもかかわらず、「常に弱い立場の人たちに寄り添い、何事にも前向きな」清水という創立者の人柄に惹かれるものを感じていた。

佐藤は幼年期から、祖父や母親と親交のあったクリスチャンの人たちと交わる中で、「弱い立場の人たちが生きやすい社会環境をつくる仕事がしたい」との意識を強くしている。

障害のある子供の将来を悲観して一家心中するような事件を聞くたびに、「その子らが技術を身につけ、やがて自活できるような、親が亡くなったあとも面倒を見てもらえるようなコミュニティがあったら」と考えていた。

「1990年代半ば、ヤマト運輸の小倉昌男さんの福祉財団が、障害者の自立のためにパンの会社『スワンベイカリー』をつくりました。経営者としてのノウハウで、一般の消費者にも売れる商品づくりを教えて、障害者でも10万円以上の月収が可能なチェーン店を実現しています。私も学生時代に、単なる施設ではない、生産性のあるサークル、コミュニティづくりを、漠然とですが思い描いていたのです」

桜美林大学に移ったのは21歳のときで、1期生には他にも、短大を出て、中学・高校の教員をしながら4年制で学ぼうという人たちもいて、「年齢もバラバラのユニークな構成」だった。

学生数も文学部の英文と中文、2つの学科を合わせても200人弱に過ぎない。その中に「短大卒で、結婚もし、仕事にもついている」という同年配の学生がいた。不思議にウマが合い、理想のコミュニティづくりのために互いに知恵を絞り合った。

さらに3年生の学期末から4年生の12月にかけて10カ月ほど、アメリカのカリフォルニア州立大学バークレー校に留学する。アルバイトをしながら、アメリカの福祉の現場を実体験し、何かをつかもうとした。

しかし結果は、「自分が思い描くようなコミュニティの理想は簡単にはできそうもないことを知っての帰国」だった。

間もなく卒業、しかし他の就職口は考えられず、「清水先生のそばにいて、そのネットワークで自分の夢を実現するための勉強を続けたい」と大学職員として残る。そこに、清水から声がかかった。

このときの言葉が今になると、興味深い。

「東洋士君、学校にいるのだったら、学長にならなければ意味がない」

「学長に」には驚いたが、どうやら教職の道への誘い文句だったらしく、すぐに「研究室に来たまえ」と、文学部長と同じ部屋に押し込められた。

祖父も両親も教員だった。同じ道を進むことに積極的でなかったのだが、この誘いに抵抗することはできなかった。

やがて職員として働きながら、日本大学大学院の文学研究科で修士号を取得する。本人はよく覚えていないというから、大学院で学ぶことも清水の薦めだったのだろう。

大学院に在籍中に桜美林大学の助手になり、修了後は講師、教授と歩みを進め、学園の企画室長なども務めた。そして１９９６（平成８）年、清水の言葉通りに第3代の学長に就任する。清水の死から8年後のことだった。

またまた「プロビデンス」が現実のものに……。「学長に」と言っていた清水のその予言が的中した。清水は早い時期から、「リーダーとしての資質」を佐藤の中に見ていたのかもしれない。

それはどのようなものだったか。

清水は常々、「プロビデンスは、与えられた場で一生懸命に務めない人間には実現しない」とも語っていた。佐藤は、その鉄則に応えた。「与えられた場で精いっぱい仕事をする」という鉄則に、である。

「よく学び、社会と人々のために尽くすという建学の志を受け継ぎたいと考え、学園での教育に携わってきました。どんなことも個人の力でできるものではなく、多くの人たちの協力と支えのたまものですが、私自身も自分に求められる役割を一生懸命に努めてきたことが評価されたのではないかと思います」

あくまで謙虚に語る佐藤なのである。

▼清水の二男、畏三の実践を手本として

清水が亡くなるのは1988（昭和63）年1月17日、96歳だった。2年ほど前の85年12月、学長職を短大時代からの教員、大野一男に譲っていた。

「長寿でしたが、4年制大学が開設したとき、すでに74歳になっていました。さらに、その直前、『私の片腕、私のブレイン・トラスト（顧問）』とまで頼りにしていた妻の郁子先生を失ったことは痛手でした」と佐藤は言う。

清水は桜美林大学がスタートした2年後の1968（昭和43）年1月、二男の清水畏三を呼び寄せる。

敗戦時、中国・旅順の旧制高等学校に籍のあった畏三は、清水よりやや遅れて帰国し、旧制第一高等学校に編入した。東京大学を経て、共同通信社の記者として活躍していた。

「清水先生もご高齢になる中で、スタートした大学を軌道に乗せる経営努力の必要性を痛感しておられ、それを息子に託したのです。畏三先生は桜美林に移られてからしばらくは、学生募集などで大変な苦労をされました」

当時は、まだ文部省の私学助成金もないころで、新設の小規模私大は、定員数だけの入学者では経営が難しい時期だった。受験料や入学金、入学時の寄付金などが主財源であり、とにかく、受験者を集めることが最大の課題だった。

合格者から入学金を先取りして、他の大学に入った場合でも、それを返却しない私立大学がほとんどで、受験生からの不満の声も強かった。

佐藤は畏三より17歳年下だが、その苦労を共にすることもしばしばだった。

東京・新宿で開かれたある進学相談会では、朝から夕方まで坐っていても、受験生がひとりとして来てくれない。

「同席したある私大の担当者が慰めてくれた、というのです。創立当初は、やはり同じような体験をしたと……。その話を聞き、畏三先生は、全国の高校を行商のように回らなければと、覚悟したそうです。福島や長野の高校には、腰まである積雪の中を訪問したものの、寒い廊下で長い時間待たされた、といった体験を話してくれました。私もその後、同じような経験をたびたびしています」

1960年代半ばは、戦後の団塊世代が18歳を迎えるピークの時期で、多くの私立大学が新設された。

受験生の獲得競争も地方にまで及んでいた。桜美林大学の学生募集が好転するのは、女子の進学率が大幅に伸びてからであった。

畏三は文学部教授、大学院教授を務め、1973（昭和48）年には学園長を任される。清水が亡くなった88年の5月から12年弱の間は、理事長職も務めている。

清水は先進的なビジョンを持つ人だった。大学設立の準備中、中国語学科に民族芸術や中国料理、中国ビジネスなどの研究者を招くなど、当時の大学では、まだどこも試みなかったような発想のできるリーダーだった。

「高等教育が多様に変化することを予測し、指示を出しておられました。そのビジョンに沿って書類をつくり、文部省とかけ合うのが郁子先生です。実務的な面で夫の夢を支え、教育者としても大学の礎をしっかりと築かれました」

「畏三先生の果たした役割も大きなものでした。日本の高等教育の現状に強い関心を示し、それを良いものにするため、アメリカの教育事情を詳しく研究されました。私も、畏三先生が教育において実践されてきたことを引き継いでいる。そんな気持ちで、現在の高等教育に携わっています」

佐藤は、そのように振り返る。

畏三は１９７０（昭和45）年、初めてハーバード大学を訪問した。その後、アメリカの高等教育を極めて精力的に見聞し、ハーバード流入試のあり方、カリキュラム改革を日本の新聞や雑誌で発表し、〝ハーバード・ウオッチャー〟と呼ばれた。

大学設置審議会、中央教育審議会など文部省の各種委員を務める一方、１９８０年代には、大学における一般教育課程のあり方についての学会を立ち上げるなど、桜美林大学のみならず、日本の大学の方向性を定めるために尽力した。

「今、桜美林での教育、そこにある学長のリーダーシップに大学関係者の評価が高まっています。背景には、私立大学のセンター試験導入が決定した際に、いち早く取り入れたり、放送大学との互換協定を結んだりと、時代を先取りする施策の歴史がありました。そうした先見性は清水安三、畏三両先生のＤＮＡに負うところが大きいのです」

佐藤は、清水の掲げたビジョンを、畏三とともに引き継ぐことで、桜美林大学を個性のある大学へと変身させることに全力をあげていた。

▼「カリスマ大学」の脱皮を促した政治学者

桜美林大学にとって、そして佐藤自身にとっても、大きな転機になったのが清水の死だった。１９８８年、ちょうど新たに「国際学部」を立ち上げることになり、佐藤はその開設準備室長に任じられたばかりだった。

80年代は、高度成長を続けていた日本経済が成熟期を迎えるとともに、政治や文化を含むあらゆる面での国際化に対応することが高等教育にも求められていた。

文学部に加え、建学２年後の１９６８年に経済学部を設けた桜美林大学だが、アメリカの大学と共通の理念を掲げていることもあり、「国際学部」は看板学部の１つとしてどうしても開設を急ぎたかった。

その開設準備の途上での清水の死である。すでに高齢でもあったことから、学長の大野一男、理事長となった畏三、そして佐藤も覚悟はしていた。

このときである。佐藤は、ある人物から、忘れることのできない転機となる言葉を投げかけられる。

政治学者の福田歓一だった。

福田は当時、東京大学を離れて明治学院大学の学長を務めていたが、文部省の大学設置委員会の委員の1人として、桜美林大学での「国際学部」設置の妥当性を調査するため、幹部たちの面接に訪れた。そのときである。

「これまで桜美林大学は清水安三という『カリスマ』によって、成長してきました。これからは、大学の組織が一丸とならなければ、今までのようには行かないでしょう。組織を結束させるカリスマが必要になりますね」

この言葉に、佐藤ははっとする思いだった。

確かに、それまでの桜美林は清水の〝個人商店〟と言ってもいいほど、その人物の求心力によって運営されてきた。その「カリスマ」がいなくなることを、真剣に考えなければならない。

国際学部という新しい組織を立ち上げようとする矢先だっただけに、福田の言葉は佐藤ら大学幹部の胸に響いた。

桜美林大学は順調に拡大し、知名度も高まってはいた。しかしすでに、「１９９０年代の前半には18歳人口の急速な減少が始まり、大学間の競争がさらに激化する」と予想されてもいた。

「清水先生の個人商店のままではいけない。そう思うと、大学を強固な株式会社のような組織に改造することが急務だ」と佐藤は考えた。

「そのときから、佐藤東洋士の快進撃が始まるのです」。桜美林の歴史を知る関係者はそう表現した。

佐藤の一教員の立場から大学経営を担う「組織のカリスマ」への変身の始まりである。

「組織を動かすカリスマがほしいね」。佐藤の耳には、福田のこの言葉が途切れることなく響いていたらしい。

「あのころは偉い先生が多かった」。佐藤は今、しみじみと振り返る。

福田歓一は、東大総長も務めた政治学の南原繁に師事し、南原と同じキリスト教徒としても知られていた。

桜美林と同様にプロテスタント系の明治学院大学は、１９８６年に国際学部を設立するために福田を招聘していた。その国際学部の初代学部長となり、90年から96年まで学長を務めている。

「福田先生の明学に負けてはならない」。佐藤は、福田の言葉を心のエンジンとして新学部の組織固めに邁進する。

初代の学部長には、東大や筑波大で教鞭をとった宗教学の井門富二夫を招き、新たに7人の教員を採用した。学部開設の文部省への申請そのものも、カリキュラム編成や教員の人事と同時に進めるという忙しさだった。

やらなければならない仕事は山積する。中でも時間割りと履修ガイドの作成には時間を取られ、大学に泊まり込むことも少なくなかった。

「私だけではありません。学部長の井門先生は、町田の桜美林から『日本の桜美林にしよう』と張り切っておられ、新学部の〝こけら落とし〟として、当時のアメリカ学会を桜美林大学で開こうと奔走し、国際学部の開設2年後に実現しました」

過労で倒れるような教員もいたものの、そうした努力で、学部完成に続いて１９９３（平成５）年には、大学院国際学研究科（修士課程）の開設が実現した。

「それほど知名度が高くなかった桜美林が、国際学部に多彩な教員を受け入れ、４年後に定員50人の学部とは連動しない独立型の大型大学院を設置したことによって、全国から注目される存在になったことは間違いありません」

このとき、佐藤は副学長に就いており、研究科長を兼務する井門とともに、大学院の後期課程の開設準備に取りかかり、休むことなく前進を続けていた。

井門は後期課程の開設前に退任したが、1996年に学長に就任した佐藤の拡大路線はその後もペースを落とすことはなかった。

④「組織カリスマ」、コーディネーターの手腕開花

▼学部を廃止し、「学群制」に大胆な転換

しかし、これほど苦労を重ねた学部も、2000年代に入ると、佐藤はあっさりと改組を断行する。「学部制」を廃止して「学群制」に移行した。

2005(平成17)年の総合文化学群(現・芸術文化学群)を皮切りに、翌年には健康福祉学群とビジネスマネジメント学群、2007年にリベラルアーツ学群、と改編を急ぎ、学士課程4学群と大学院7研究科の新たな体制を構築した。

2012年に学長を退いたあとも、改革の手は緩めず、2016年にはグローバル・コミュニケーション学群を加えて、学生数9000人を超える大学へと変貌させた。

「この構想力と果断さは、どこから生まれるのか」

大学関係者ばかりか、日ごろつき合いのある多摩地域の実業家たちからも、佐藤の手腕に驚嘆の声があがった。

組織運営にたけた「オルガナイザー、コーディネーター」としての資質が急速に開花していた。

佐藤は、そうした制度上の改編を進める一方で、大学キャンパスのレイアウトにも自ら知恵を絞り、積極的に新しい建物を造っている。

2000年の栄光館をはじめとして、02年には崇貞館と明々館、04年に一粒館、07年にチャペル（荊冠堂）と学而館、08年には理化学館と次々と新築や再建を実現した。

しかも、建築や設計にも強い関心を持ち、これらの建物に、たとえば当時の大学キャンパスでは先駆けとなる「吹き抜け様式」を採用するなど、斬新で個性的なレイアウトを積極的に工夫していた。

チャペルを建て替える際には、新しいホールに相応しいパイプ・オルガンを探しにヨーロッパに出向いた。秘書やオルガン奏者とともに、ドイツ、スイス、フランスと70年ぶりという豪雪の中を移動している。

最終的には、フェルスブルグというスイスの小さな村で造られていたオルガンを探し当て、チャペルに据えた。

旅の目的はオルガンだけでなく、ジャン・フレデリック・オベリンが、フランスのストラスブース近くの生まれ故郷の小さな村に、世界で初めて立てた「子供のための学校」跡地にある国立博物館（ミュゼオベリン）を訪問することにもあった。

趣味は「クラシックカーの再現製作」という佐藤は、もともと凝り性で、何かをつくり始めると、とことん没頭する。

実は後述するように、高校時代には建築家志望でもあった。これに「何ごとも諦めずに続けること」をモットーとする私生活での流儀が加わる。

計画を練り上げ、実行する上では極めて大胆に見えても、その手法はあくまで几帳面で、細部にまでこだわる独特のスタイルが見えてくる。

「組織のカリスマ」が生まれた背景を探ると、そんな生真面目な人柄が浮かび上がる。

そして、そうした人格は「キリスト教が当たり前の家庭」でどのように育まれたのか。第2章で詳しく見ていく。

そのような資質を備えた佐藤の耳には「清水のカリスマ学校からの脱皮」を促した福田歓一の声が、パイプ・オルガンの通奏低音のように鳴り響いていた。

「清水先生の名刺は、どんなに肩書が増えても、いつも『桜美林学園経営者』と書かれています。学園の設立のときも、大学開設でも、自ら本をつくって海外にまで売りに出かけ、寄付金を集めるような努力を惜しまなかった。学園経営の責任を任されている、という姿勢は最後まで変わらなかったのです」

「個人商店から株式会社のような組織に変わらなければならない」と覚悟したそのときからの奮闘ぶりは、清水の情熱に学ぼうとする佐藤の人柄がなせる「リーダーとしての責任の取り方」の表れなのでもある。

さらにもう１つ、「バランス感覚」を佐藤の重要な資質とする指摘も少なくない。

２００５（平成17）年、北京の旧崇貞学園の跡地にある陳経綸（ちんけいりん）中学で、清水の胸像の除幕式があった。

中国で反日デモが吹き荒れていた時期で、胸像建設に反対する声も強かったが、「北京の聖者」と慕われた清水の偉業をたたえようという現地の人たちの手で実現した。

佐藤は、当時の桜美林中学校・高等学校の校長、本田栄一とともに除幕式に出席し、丁重な謝辞を述べた。そしてこの年、大学に孔子学院を併設する。

芸術文化学群では、文部科学省の認可を受けて中国京劇を正式な授業とし、正規の単位にすることを可能にした。

しかし一方で、2015年には、保守派の中国研究者だった元東京外国語大学長、中嶋嶺雄の「著作選集全8巻」を桜美林大学の北東アジア総合研究所から出版することを決断している。

中嶋の弟子にあたる研究者たちの申し出を受けたものだが、当時、その研究所の所長（現・桜美林大学名誉教授）、川西重忠は次のように語っている。

「中嶋先生は台湾寄りと見る人もいて、北京に気兼ねする反対意見もあったのですが、佐藤先生はかまわずに出版を許してくれました。1、2年一緒にいると分りますが、決してぶれることのない信念の人です。そうでなければ、30以上もの公職は務まらないし、多くの人たちが頼ることもないでしょう。特に自分の思いや理念を落とし込んで組織をまとめ上げ、育てた成果を『見える化』する力は、天性のものと思います」

そこにも「組織のカリスマ」としての秘密があることを強調している。

▼「自分のスケールを超える組織はできない」

佐藤には、組織を率いるリーダーとして、いつも考えていることがある。

「人には、それぞれ持っているスケールがあり、それを超えるような大きな仕事はできない。逆に言えば、組織は、そのリーダーのスケール以上のものにはならない」

「人のスケール」とは、その人物の大きさだろう。組織は、リーダーの人物としての大きさ以上のものには育たないとは、なんと厳しい言葉であることか。

自らを律し、自らの能力を本当に信じられる人間にしか、口にすることのできない言葉のように思われた。

「現代社会は急速に変化しています。これからの人間には、常に、社会を俯瞰（ふかん）できる総合的な知識と、先を読み取る感性が求められます。学部を『学群』に再編することの狙いは、とくに、そのことにありました」

「専門分野」を縦割りに配置してきた従来の方式から、個々の学生の関心に応じて横断的に、さまざまな知識を学べるようにする。

自分の本当にやりたい分野が見つかるまで時間はかかっても、そうした努力の末に見つけた「専門」こそ、本物になるに違いない。

佐藤には、清水が若き日に留学したオベリン・カレッジのような「質の高い教育」が念頭にある。アメリカのリベラルアーツの名門校であり、「桜美林」の校名はそこに由来していることを忘れることはできない。

「学群」は、1973（昭和48）年、旧東京教育大学を移転・再編した国立の筑波大学が最初に採用した。

私学では、国際基督教大学（ICU）が早くから、徹底したリベラルアーツ教育を実践する中で、同様に学部・学科を廃止し、入学後に学びながら専攻を選択していくスタイルを導入している。

「本学では、大学教育の原点に戻り、建学の精神と時代に相応しい大学のあるべき姿の両立を模索しました。リベラルアーツでは、幅広い基礎学習科目を学んだうえで2年次の後半ごろから専門分野を深めていく『レイト・スペシャリゼーション（時間を置いての選択）』を進めています」

「一方、芸術系の学びや、国家資格を目指す専門に特化したプロフェッショナル系では、入学当初から、実技や実習に踏み込んだ学習が効果的です。個々の学生の興味や関心、目標にできる限り対応することを追求した結果、『それぞれ自分で学びを組み立て体系化させる』という学群制にたどりついたのです」

そう強調する。

その際、日本の旧制高校のリベラルアーツ教育を実体験している清水畏三や井門富二夫の意見にも耳を傾けた。

「畏三先生はハーバード・ウオッチャーと呼ばれるほどアメリカのリベラルアーツ教育に詳しく、日本の一般教育学会を立ち上げています。２０００年に桜美林の理事長を退かれたあとも、名誉学園長として助言をいただきました。井門先生は、筑波大でも教えて、学群には詳しい方でした」

日本の戦後の高等教育には、旧制高校にあったようなリベラルアーツ、いわゆる教養教育が十分に満たされていないとの指摘がある。確かに、工業化を進め、経済成長を遂げていく中で、なおざりにされていたきらいはある。

それが佐藤のいう「人間のスケール」に影響してはいないか。特定分野の知識・技術を狭く極めるのではなく、広い視野に立ったものの見方や考え方を身につけることに重きを置く教育は、ますます重要になるように思われる。

日本では「リベラルアーツ＝教養」と言われることが多いが、アメリカでは「社会で活躍するリーダー養成のための学問」として発展してきた歴史がある。

17世紀に新大陸にたどり着いたピューリタン（清教徒）たちは、何もない土地にゼロから街をつくり、宗教の拠点を立ち上げ、自分たちの生活基盤を構築していった。

彼らにとって喫緊の課題は、リーダーの養成であり、リベラルアーツ教育の先陣を切ったハーバード・カレッジも、宗教上の先導者である牧師から、政治や行政の分野をはじめとする様々な場をリードできる人材を育てる機関として発展していく。

現在、アメリカの他の多くの大学で行われているリベラルアーツ教育も、基本的には同じような思想のもとに実施されている。

佐藤はリーダーの条件として、「あらゆる問題を総合的に判断できる」「狭い視点にとらわれず、幅広い視野で議論し、決断できる」「説得力があり、多様な人々とコミュニケーションできる」「人格的に優れている」の4つをあげる。

「会社や大学の会議にしても、縦割りの知識しかない人間が議論しても、広がりがなく発展性も望めません。21世紀の多様化する社会では、あらゆる分野で、大小あらゆる規模の組織でリーダーシップが必要とされるのです。それに耐えられるスケールの大きな人材を育てたいのです」

現代社会のリーダー像を語る言葉に力が入る。

▼新しい時代に「建学の精神」を活かす

佐藤は1996（平成8）年に第3代学長に就任し、2012年まで16年に渡って学長を務めた。入学式などでは3つの心得を中心に学生に語りかけてきた。理事長・学園長として出席するようになった今も、伝えたいことは変わらない。

１つ目は、桜美林大学の成り立ちであり、「桜美林の一員として、学校のことを良く知ってもらいたい」との願いを込めた。

２つ目は「学生として、どう学んでほしいか」、そして３つ目は、そのつど聖書の一節を選び、キリスト教の教える生き方について話をしてきた。

建学の精神は「キリスト教精神に基づく国際的人材の育成」であり、これは、創立者である清水が北京に開設した崇貞学園と、彼が学んだアメリカのオベリン大学という２つの源流に育てられた。

聖書のマタイ福音書第22章によると、ある律法の専門家が「先生、掟のうちでどれが最も重要ですか」とイエス・キリストを試すかのように問うと、イエスは「『心を尽くし、精神を尽くし、思いを尽くして、あなたの神である主を愛しなさい』。これが最も重要な掟である。次は『隣人を自分のように愛しなさい』であり、この2つの掟に律法と予言のすべてがかかっている」と言われた、とある。

佐藤は、建学の精神にある「キリスト教精神」について、このマタイ福音書の一節を引用し、「相手の立場に立って自分がものを考える、相手の痛みを知るということだと私は思っています」と説明する。

清水が戦前、北京に開いた崇貞学園はまさに、そのキリスト教の核心の精神を実践するものだった。

では、現代の「国際人」とはどういう存在であるべきなのか。

「外国語が話せることも大切ですが、それだけでなく、相手の国の文化、社会を比較する眼差しをきちんと持ち、捉えられることです。自分の考えだけが正しいのではなくて、相手の価値観も正しいのだと考えなければ、国際紛争はなくなりません。互いが互いを理解すること、そして考えることができる存在が、真の国際人だと思います」

そう力説して、40年ほど前に学生を引率して、アメリカの大学に出かけたときのエピソードを語ってくれた。

「ある英文科の学生が『先生、僕のことを英文科と紹介しないでください』と言ってきたので、『どうして』と聞くと、『英語で話しかけられたら、答えられません』と言うのです。しかし国際人とは、自分で語るべきものも持っていないといけませんし、日本の文化や価値観について聞かれたときに、何も相手に話せないというのでは困るのです」

そこで、桜美林大学では、学生1人ひとりが、より自由に、主体的に自分の学習を組み立てることができるようにと、様々な工夫をこらすようにしている。

ここでは「学習」という言葉がより深い意味を持っている。大学のカリキュラムは一般には、「教育」という言葉でくくられるが、この「教育」という言葉は、教室内で教員主体で進められる授業のイメージが強い。

しかし「学習」には、時間や場所に制約されず学生が主体的に取り組む活動、というニュアンスが生まれる。

桜美林大学はあくまで、学生が主体的に「学習」する場であり、教室からキャンパス全体、地域社会、日本、世界へと「学習」のフィールドを広げていくための入り口でありたい。佐藤はそう考える。

５学群での構成となった桜美林大学には２０１６（平成28）年5月現在、アフリカ、中東を含む27カ国・地域から約６３０人の留学生が学んでいる。学内には１３０人近い外国人教員がおり、英語をはじめとした各地の言語で、実践的な会話を楽しむことができる。

世界各国の大学との提携や交流も年々、活発化し、２０２１年の創立１００周年までには、海外からの留学生の数を学生の約25％、２０００人超にまで増やす計画である。

すでに、１００周年の記念ロゴマークを掲げて、「質の高い教育」のための環境づくりにスパートをかけている。

「これまでキリスト教に基づき、国籍や人種を超えて門戸を開いてきましたが、最近はＩＴ（情報技術）などの先進的な技術を学びたいという意欲を持つ留学生が増えています。こういう人たちの希望に応えるため、職業分野の科目も充実させています」

もちろん、日本人の学生たちのためには、ますます海外に目を向けるチャンスを拡大していくための環境を整える。そうした努力を通して、世界が日本に期待している役割を実践することを促してもいる。

「学びと出会いのキャンパスを、ぜひ自分探し、自分づくりに活用してください。桜美林大学は『学び』の場であるとともに、教職員と学生、学生同士、地域の人々との出会いの場、コミュニティとして、親密な人間関係を築くための環境づくりに努力していきます」

佐藤は１００周年に向けての決意を力を込めて語った。

第2章　「愛の教育」はこうして実を結んだ

①祖父と清水安三をめぐる不思議な縁

▼「キリスト教が当たり前」の家に誕生

「キリスト教が当たり前の家」。佐藤東洋士は、自らの家系をそう表現する。とりわけ母の道子は、酒もたばこも、たしなむことを許さない厳格なクリスチャンだった。このことが佐藤の父との離婚の直接の原因にもなるのだが、そのことは後で述べることにしよう。

道子は父、定吉の強い影響を受けているが、実は、道子の母の家も「江戸の幕末期に外国人の通詞をして、キリスト教に親しんでいた」と伝えられる。

つまり佐藤は、母の父方から数えると3代目、母方からは5代目という代々のキリスト教の家に生まれた。

1960(昭和35)年8月13日、16歳の誕生日に祖父、定吉により長野県軽井沢の山荘で洗礼を受けた。定吉は当時、前立腺がんを患い、余命いくばくもなかった。

「父母はずっと別居状態で、父親代わりだった祖父は、死ぬ前に孫の私に自分の手で洗礼を施そうと考えたのです」

佐藤は現在、東京・赤坂の霊南坂教会に所属している。日本基督教団の有名な教会で、かつて、俳優の三浦友和と山口百恵が結婚式を挙げたことでも話題になった。

清水安三がしばしば、「東洋士君とは3代に渡るつき合いだから」というのは、祖父の定吉が、キリスト教を通して知り合った清水の北京での活動をサポートするようになったことによる。

そこでまず、定吉の経歴を追って、清水との縁を見ていくことにしよう。

1887（明治20）年、徳島県富岡の日蓮宗の寺の二男として生まれた定吉は、幼少期から学問に秀でて頭がよく、地元の富岡中学から旧制第三高等学校（現・京都大学）の理科に進学した。

そこで、片山哲と同級生になる。戦前は、無産政党の社会民衆党から立候補して衆議院議員、戦後は日本社会党を結成して初代書記長に就任し、1947（昭和22）年には首相になる人物である。

徳島に近い和歌山県出身ということもあり、定吉と急速に親しくなった。

すでに中学時代にキリスト教に出会っていた片山はある日、アメリカから来日していた救世軍大将、ウィリアム・ブースの「キリスト教伝道集会」に定吉を誘った。

「キリスト教の何であるかを理解しないままに、西洋人の講演というハイカラさに魅かれて出席したようです」

「そんな祖父でしたが、しかし、この世の創造主で、全知全能である天上の父なる神と、この世の人を救わんがために十字架にかけられたひとり子、イエスの愛についての熱烈な講演を聞き、新しい世界に感動し、熱心に求道を始めるようになりました」

佐藤は祖父や母から、そのように聞かされていた。

その後、定吉は聖書を読み、教会に通うようになったが、徳島に帰省するたびに寺の住職を務める父親は「息子が邪教に染まってしまった」と嘆き、再三再四、キリスト教から離れるよう求めた。定吉が持ち帰る聖書を釜戸にくべて燃やしてしまうこともあった。

定吉は旧制三高を卒業すると、東京帝国大学工科（現・東京大学工学部）に進学し、応用化学を専攻する。

そして、東京帝大の法科に進んだ片山の薦めで、大学近くの本郷台町30番地にあった東京大学学生キリスト教青年会（ＹＭＣＡ）の寄宿舎に入った。

間もなく、弓町本郷教会の牧師だった海老名弾正の「武士道的人格」に心酔して、その洗礼を受け、この教会に寄って信仰生活を始めた。

この時期のＹＭＣＡの寄宿舎は、法科の教授で「民本主義」を唱えて大正デモクラシーに理論的根拠を与えた吉野作造を理事長として運営されており、のちの日本を支える有能な人材となる学生たちが生活していた。

佐藤が記録を調べたところ、東大文学部長や東京女子大学長を務める英文学の斎藤勇、伝染病研究所長で日本脳炎の発見者でもある病理学の三田村篤志郎、衆議院議員や文部大臣を務めた社会思想家の森戸辰男、さらに沢田節蔵、鈴木文治、鈴木義雄、星島二郎といった錚々（そうそう）たる面々が起居を共にしていた。

「この寄宿舎での生活で、キリスト教信仰を強めた祖父は1912（明治45）年7月の卒業時に、亡くなる直前に病躯をおして臨席された明治天皇より、最優等生に与えられる恩賜の銀時計を拝受する栄光を得たのです」

このときの銀時計組に末弘厳太郎や金森徳次郎らがいたことは先述したが、「祖父はこのときの感激を終生、忘れることなく」、佐藤に話して聞かせた。

「祖父は晩年、思想の面、あるいは信仰の面でも、国家主義的になったと批判されることがありました。しかしそれは、明治天皇から銀時計を賜った感激が強く、皇室への畏敬の念が人一倍篤（あつ）かったということなのです」

佐藤は、そう理解している。

徳島の親たちも、銀時計組に列したことを聞くと、定吉が学問とキリスト教信仰を両立させていることを納得し、クリスチャンとして生きていくことを認める。

「それでも、寺の家でしたから、諦めにも似た境地で、渋々だったようですがね……」

それが祖父、定吉の青春であった。

▼「3代のつき合い」はハワイ会議から

東京帝大を卒業した定吉は、開校したばかりの九州帝国大学の助教授に採用された。1年後には、東北帝国大学理学部の応用化学講座の教授に就任した。

「仙台では、のちに文化勲章を受章する『荒城の月』の詩人、土井晩翠らも教職にあり、親しくなったようです。ここでの定吉は、講義や実験を始める前に必ず、神に祈りを捧げ、街に出ては救世軍の人たちと共に、『神とキリストの救い』を人々に説いて、路傍伝道する風変りな帝大教授として知られていたそうです」

仙台の街角に立ち、通りかかる人たちに呼びかける。佐藤は、そんな祖父の姿を思い描くような表情になっていた。

「応用化学の世界での祖父は、プラスチックの草分けになった合成樹脂に関連するいろいろな発明もありました。しかし、聖書の伝道が常に頭から離れず、若い人たちにキリスト教の教えを伝えることを考えていたのです」

転機となったのは1924（大正13）年8月12日、長野県軽井沢の千ヶ滝に設けた山荘で五女、滋子を亡くしたことだった。

まだ3歳のかわいい盛り、しかも食べさせたバナナによってチフスを発症させるという思いがけない事故だった。

悲嘆にくれた定吉は、自らを責めるかのように必死に神に祈った。そして、「全東洋をキリストへ」という神の声を聞いた。

「このとき祖父は、帝大教授を辞めて、『イエスの僕会』という運動を組織するのです。東京の下落合にあった住まいに研究所を併設し、市井の化学者、工学博士として企業のコンサルタントのような仕事をしながら、エヴァンジェリスト（伝道者）として自らの生涯を神に捧げる決意をするのです」

１９２７（昭和２）年5月に「イエスの僕会」が組織され、8月には軽井沢の山荘で、浅間山麓修養会という第1回目の会合が開かれた。

前後して、『科学と宗教』『晩鐘』といった月刊誌を創刊する。

定吉は、「神道や儒教、武士道は東洋的な『旧約』であり、キリストの福音による『新約』日本を建立することを念願する」という夢に燃えていた。そして全国的に、とくに高校生・大学生の間での伝道活動を積極的に展開する。

余談だが、このときの定吉の講演に心酔して「イエスの僕会」に入会し、洗礼を受けるのが旧制高松商業高等学校（現・香川大学経済学部）に入学したばかりの大平正芳だった。戦後日本のクリスチャン首相の1人である。

定吉が清水との関係を深めるのは、ハワイのホノルルで開かれた「汎太平洋平和会議」を通してだった。ホノルルのＹＭＣＡが企画した第1回会議は、定吉が五女、滋子を亡くした翌年、１９２５年に開催された。

「その年であったかどうか定かではありませんが、定吉は沢柳政太郎や野口英世らとともに日本代表として出席したと聞いています。太平洋周辺の国々や民族の抱える問題を話し合うのが目的で、そこにウィリアム・メレル・ヴォーリズや、のちに清水先生の夫人になる小泉郁子が参加していたのです」

ヴォーリズは、日本が日露戦争の渦中にあった１９０５（明治38）年、24歳の若さでアメリカのＹＭＣＡの仲介でキリスト教伝道者として日本に派遣された。

滋賀県の八幡商業学校（当時）の英語教師となり、間もなく、県立膳所中学校でも教える。その生徒の1人が清水であり、清水はヴォーリズの感化によってキリスト教を知ることになった。

清水は、のちに次のように書いている。

「今になってつらつら思うに、私の生涯において、自分にもっとも偉大な影響を与えた人物は誰であろうか。それはやっぱり、ボリッさん（ヴォーリズ）だったと思われてならない。もし私がボリッさんを知らなかったならば、私はあるいはイエス・キリストにも出会わなかった」（『石ころの生涯』）

ヴォーリズは最近では、直木賞作家となった門井慶喜の『屋根をかける人』や、NHKの連続テレビ小説「あさが来た」で、女性実業家、広岡浅子の娘婿（じょせい）の妹、一柳満喜子と結婚するアメリカ人建築家としても描かれた。

建築設計会社やメンソレータム（現メンターム）で知られる製薬会社などの企業活動でも成功したヴォーリズは、中国に渡ってキリスト教主義の学校を立ち上げた清水を積極的に支援していた。

定吉はホノルルで交流したヴォーリズを介して、清水の北京での活動に関心を持つ。そしてそれが、佐藤の母、道子を崇貞学園で働かせるきっかけをつくった。

今、佐藤は、「私が桜美林大学に学び、務めることになったご縁の原点が、祖父とヴォーリズ先生や郁子先生とのホノルルでの出会いにあったとすれば、神様の導きに深く感動を覚えずにはいられないのです」と語る。

▼「東洋士」は「全東洋をキリストへ」に由来

「全東洋をキリストへ」との神の声によって伝道活動に専心するようになった祖父、定吉は、中国東北部に満州国を建設した日本政府から、現地の工業化について調査を依頼され、しばしば中国を訪問していた。

その際、清水が北京の城門の外（朝陽門外）で運営していた崇貞学園にも立ち寄るようになった。

1941（昭和16）年の訪問では、当時、東京・上野の東京音楽学校（現・東京芸術大学）のピアノ科の学生だった道子を伴っていた。

「私の母、道子は7人いた定吉の子供たちの三女で、すでに25歳になっていました。東京の日本女子大付属の小学校と女学校に学んで、自由学園にも籍を置いたことがあったようなので、その年齢になっていたと思われます」

崇貞学園は、中国人の貧しい家の子女に刺繍（ししゅう）などの技術を修得させながら、普通科目を学習させる教育を実践していた。

道子は、清水とその妻、郁子のキリスト教主義に徹する教育者としての姿に魅了され、音楽学校を終えると、志願して崇貞学園の音楽教師として採用され、中国に渡った。

一方、佐藤の父親は、広島文理大学（現・広島大学）を卒業したあと、いったん日本軍が占領していた中国・武漢の学校で教えていたが、清水の誘いで崇貞学園に社会科教師として移っていた。

「父と清水先生は、日本の神戸での会合からの知り合いでした。崇貞学園は女性の教員ばかりで、〝女護（にょご）が島〟などと言われていたらしく、父は初めての男性教諭でした。大学でペスタロッチの教育学などを学んでいた父は、やはり学生のときに祖父、定吉の講演を聞いてもいたのです」

「つまり、キリスト教を通して、祖父とも清水先生とも顔見知りだった父が母の結婚相手として急浮上し、職場結婚となったのです。母はいったん断っているようですが、『しっかりした青年だ』という祖父の説得で結婚に踏み切ったといいます」

間もなく夫婦には、佐藤と１つ年下の弟の２人の男児がさずかる。

佐藤が生まれたのは１９４４(昭和19)年８月13日である。そして、その日は定吉の五女、滋子の命日の翌日に当たることから、「全東洋をキリストへ」の神の声に因んで定吉が「東洋士」と名付けるよう夫婦に求めたのだった。

定吉は、太平洋戦争の勃発の頃から急速に皇国日本への思いを強めていた。「イエスの僕会」は解散し、代わって皇国基督会という組織を発足させてもいる。

佐藤の言う「いわゆる日本的キリスト教、日本精神とも乖離（かいり）することのないキリスト教」を意図したのかもしれない。

大戦下では、日本精神とキリスト教との一致を図り、神道や儒教とキリスト教との間に共通の土台を見出そうとする有力な運動があり、定吉と同じ教会の海老名弾正らもそうした運動に名を連ねていた。

「いずれにせよ、私の名前には、五女を天国に送って以来のライフワークを受け継ぐ者になってほしい、東洋でキリスト教の精神を持って戦ってほしい、という祖父の思いが込められていたのです」

自らの名前の由来を語る佐藤、そのエピソードからは、この人がキリスト教主義の桜美林大学のトップになることが、あらかじめ神の導きによって定められていたかのような印象すら受けるのである。

▼40年ぶりに訪れた「北京の家」の思い出

さて佐藤が生まれた翌年、日本の敗色がいよいよ濃くなってくる。清水は早い時期から、日本の敗戦を予期していたかのように、崇貞学園にいた日本人やその家族たちを帰国させることを考えた。

「清水先生は『首じゃ、首じゃ』と、父に辞表を書くことを求めたそうです。私もこの『首じゃ、首じゃ』を言われたことがあるのですが、この独特の表現によって、周りにいる人間にも自分の考えを伝え、その人たちも動かすという効果を期待した。そんな人でした」

「しかし、私の父は中国に骨を埋めるつもりで行っていましたから、反抗するかのように、日本軍の影響下にあった北京市内の華北教育局という役所での仕事に移りました。母は崇貞学園に残っていたようですが、学園は敗戦とともに北京市政府に接収されてしまうわけです」

佐藤と父母、1つ下の弟の4人は、崇貞学園が北京市の学校になってしまった後も、中国に残っていた。しかし、日本の敗戦から4年後の1949（昭和24）年、中国国内の内戦で共産党が勝利したことに伴う体制転換によって、帰国を余儀なくされる。

佐藤は、一家が北京を離れるまで住んでいた家を1980年代の後半、ほぼ40年ぶりに再訪したときのことを語ってくれた。

その家は、故宮（紫禁城）から北北東に3キロほどの后海（ほうはい）と呼ばれる地域にあった。近くには、最古の中国皇帝の庭園で世界遺産にも登録された北海公園があり、明朝や清朝の時代には、貴族たちが邸宅を構える高級住宅地になった。

后海周辺には1990年代から、洒落た飲食店やカフェ、個性的な雑貨店やブティックなどが次々とつくられ、人気の歓楽街となっている。

80年代には、高級住宅地から庶民の街へと表情を変えてはいたものの、佐藤一家が住んでいた家は当時のまま残っていた。

「周りを塀に囲まれた洋館でした。住民に聞いたところ、近くには教会があり、私たちが住む前には西洋人がいたらしい、ということでした。40年ぶりに訪ねたときには、中国政府の衛生部（厚生省）の所有になっており、北京中医学院の先生たちの3つか4つの家族が住んでいました」

この大きな家に佐藤は5歳まで暮らしていた。2人の中国人ボーイがいて、兄弟の世話係として面倒を見てもらっていたこと、母親が自転車で朝陽門外の崇貞学園まで通っていたことなどが思い出された。

しかし、やはり子供だったこともあって、当時の記憶とはだいぶ違うところが多かったようで、こんな話をしてくれた。

「古い街並みが残る近くの胡同（フートン）で、近所の中国人の子供たちと、ときには裸のような姿で遊んで、汚れたまま家に帰り、風呂に入るのです。近くの風呂屋に行ったように記憶していたのですが、しかし訪ねてみると、風呂屋はなく、私の家だった洋館の中二階にネコ足のような形をした4脚の西洋式バスが残っていました」

「どうも、皆で風呂桶（おけ）によじ登ったという記憶から、風呂屋のような大きな湯舟（ゆぶね）と勘違いしていたようです。幼いときの記憶というのは当然ながら、断片的で、実際とはずいぶんと違うところもありました」

２回目に、その家を訪ねると、すでに住んでいる人はおらず、子供たちにバレーダンスやピアノなどを教える塾のような施設に改造され、最近訪れてみると、こんどは「老人たちのたまり場」のようになっていた、と言う。

「その洋館そのものは、間もなく取り壊されると聞きましたが、訪問を重ねるごとに、ご近所の人たちとの新しい出会いがあり、常に感激して戻ってくるのです」

そんな思い出の場所なのである。

②「弱い者」への視線、コミュニティへの関心

▼引き揚げ、軽井沢で過ごした幼年時代

北京で生まれた佐藤にとって、「初めての日本」であった。１９４９（昭和24）年、一家は日本に引き揚げてきた。

当時、大陸と日本を往復していた興安丸（こうあんまる）という連絡船があり、乗船したのは、そのルートでは最後の便だったと、あとで聞かされている。

「舞鶴港（京都府）に着くと、桟橋（さんばし）を使って上陸したように記憶しています。大勢の人でごった返していて、持っていた行李（こうり）を海に落とす人を見ました。私は耳当てのついた飛行帽のような帽子を自慢げにかぶっていたらしいのですが、上陸してみると、それが無くなっていて、『取られた、取られた』と泣きじゃくったのです。うっすらと憶えています」

ただ、終戦の混乱期に引き揚げた人たちのように、着の身着のままといった人たちは少なかった。家族の身のまわりのものや、母親のピアノの楽譜なども持ち帰る時間的な余裕もあったらしい。

しかし、東京・下落合の祖父、定吉の家は戦争中に焼けてしまっており、祖父が大正時代に造っていた軽井沢の山荘に落ち着くことになった。

敷地は4万坪と広く、研究者として学生たちと研修をしたり、キリスト教関係の修養会を開いたりする場にしていた。

母の道子は、戦後の教員不足もあり、近くの長野県立軽井沢高校と野沢北高校（佐久市）の音楽担当の教員になることができた。しかし、父親は近くに適当な職を見つけることができず、広島県の女学校に教員として単身赴任する。

「父は、四国・高松に代々続いた家の長男でしたが、弟の結婚式があったとき、その席で酒を飲んでしまったのです。酒・たばこは一切厳禁の母がそれを見とがめて、２人の仲がいっぺんに険悪になってしまったといいます」

結局、その単身赴任は一家が東京に出てもなお続いており、佐藤が中学に入ったころには離婚せざるを得ない状況になる。それまで佐藤は、父方の姓を名乗っていたことはすでに記した。


祖父母と母、男の兄弟の５人での生活が始まったが、軽井沢での佐藤はしばらく、日本語と中国語をちゃんぽんに交えて話していたと言う。

山荘は軽井沢の水源、千ヶ滝の水流に挟まれた場所にあり、自然環境には恵まれていた。少し離れたところには、外国人の別荘地もあった。

「夏用の家だったので、寒かったのを憶えています。それなのに冬でも、なぜか半ズボンをはかされていました。間もなく、軽井沢町の軽井沢東小学校に入学して、東京に転居する４年生の途中まで在学します」

「当時の皇太子殿下が美智子さまと近くのテニスコートでテニスをなさった時期とも重

なりますし、雲場の池と呼ばれる場所には、大勢の若者が集まっていました。作家の田中澄江さんや聖路加国際病院の日野原重明先生も近くに別荘を建てておられ、おつき合いがあったようです」

豊かな自然に加え、別荘地としての環境も整っていた軽井沢で、5歳から数年間の腕白盛りを送る。学校での友人や遊び仲間にも恵まれる。

「軽井沢の小学校の同級生とは今でもつき合いがあります。桜美林大学の学生の保護者に、その時代の同級生がいて、ビックリしたことがあります」

ものごころもおぼつかないまま、日本語と中国語の区別もない幼年期にスタートした日本での生活だったが、そうした劇的ともいえる環境変化にも次第に馴染んでいく。では、東京の祖父の家が焼けずに残っていて、はじめから東京で暮らすことになっていたら、どうだったか。

佐藤はそんなことを考えることがある。

軽井沢という、ある意味で特殊な場所で多感な時期を送ったことがその後の人生にどう影響しているのだろうか、と筆者も質問してみた。

「やはり、広々とした自然の中で育ったことは影響していると思います。大きく物事を考える素地ができたのではないか。何事でも、意識して全体を俯瞰して見るようになったのも、その自然環境と無縁ではないように思うのです」

組織を率いる上で、後に考えるようになる「人間のスケール」というものとあるいは関係しているかもしれない。

すでに述べた通り、佐藤は「人間が仕事をする、ある組織の責任者になるようなときに、その人間のスケールを超えた仕事ができるとは思わない」と考えている。

「自分が責任を持っている組織にとって、自分が十分な器であるかは、いつも考えさせられるのです。この学園にしても、持続的に発展していくためには、責任を持って運営する人物のスケールによると思ってきました」

卒業生を見ても、そう感じさせられる。

「上場企業の社長、会長になっている人はやはりスケールが違う」

「私の場合も、初めから東京に住んで小学校も普通の一般的な環境のところに進んでいたら、それなりのところで終わっていたかもしれません。どこに仕事を得ても、その人の能力の範囲で何ができるかと言うことでしょうから、そんなことを考えると、人を育てるための環境はやはり重要な要素であると思うのです」

これは、自分の能力と仕事とのバランスを意識して客観的にチェックできる力とでも言ったらいいのだろうか。

軽井沢という、東京のような都会では味わえない自然環境での幼少期の生活が、このような生きる姿勢、行動の原理のようなものを育てていたのかもしれない。

▼「建築」「音楽」にも触れる生活環境

軽井沢に住んだことは佐藤の生き方に少なからず影響していた。ほかにも、いくつか見ることができる。

佐藤が建築に関心があり、桜美林大学のキャンパスにも細かな注意を払っていたことは既に書いた。

実は、彼が高校生の頃に「最もなりたかった職業」は建築家だったと言う。そして、その素地をつくったのが軽井沢という土地だった。

ウィリアム・メレル・ヴォーリズがアメリカ人のキリスト教の伝道師であるとともに、日本の各地に数多くの貴重な建築作品を残した建築家だったことはよく知られている。

祖父、定吉は、伝道師としてのヴォーリズにハワイでの会議を契機にして親しくなる。

一方、佐藤家の祖母方の家は代々、建築の仕事を生業としていて、ヴォーリズとのつき合いがあった。

日露戦争の最中に来日し、近江八幡市に着任したヴォーリズは、最初の夏を過ごした軽井沢が気に入り、この地に別荘を建てていた。

外国人の多く住むところ、キリスト教関係の牧師や宣教師たち、それに建築家の仲間もあって、若くして日本に来たヴォーリズの心をなごませる場所となっていた。

そんなヴォーリズと親しかったのが祖母の兄で、縁なし眼鏡をかけた建築家然としたスタイルが幼い佐藤の心を動かした。

「私自身はヴォーリズに会ったことはありませんが、軽井沢は彼にとって、近江八幡に次ぐ日本での第２の故郷のようになっていました。とくに、この避暑地では、裕福な建築主との出会いもあり、商談にも都合がよかったのでしょう」

ヴォーリズ建築が残る軽井沢、皇室のカップルの出会いの場となったテニスコートのクラブハウスも、テニスの愛好家だったヴォーリズの設計による。

「普請（ふしん）道楽という言葉がありますね。建物や建築に凝ることでしょうが、私もいつしか、そんな嗜好（しこう）が染みついたようです」

大学キャンパスの建造物にも、あれこれと注文を入れる建築マニア的な性分は、「軽井沢ならではの環境」によって育まれていた。

もう1つ、「音楽」との出会いも、この時期の生活を語る上では欠かせない。軽井沢に近い上田市にも教室があり、佐藤はバイオリンを習いに通わされていた。「スズキ・メソード」として親しまれる器楽演奏の指導法がある。

1930年代から江藤俊哉や豊田耕兒ら、後に世界で活躍する優れたバイオリニストを育てた鈴木鎮一が、それらの経験を踏まえて1946（昭和21）年、長野県松本市に「松本音楽院」を設立した。

この教室で育った子どもたちと全国を講演と演奏をしてまわり、それに感動した人々の熱望で各地にバイオリン教室が生まれる。その後、ピアノ、チェロ、フルートの教室にも広がったその指導法が「スズキ・メソード」と呼ばれた。

「子供たちに音楽を学ばせたい。ピアノ教師だった母の夢だったようです。東京に出ても続けさせられました。結局、才能が開かず、指導が厳しくなってやめたのですが、すると今度は、新大久保にあった東京少年合唱隊で歌をうたうことになった。しかし、こちらも長続きせず、声変わりしたところで辞めています」

建築への関心が、軽井沢という環境に育まれたように、音楽への導きとなった「スズキ・メソード」も長野が本場であり、この早い時期に触れることができたのは、やはりその地に住んでいたことが大きかった、と思われる。

そこには、都会では味わえない「ゆったりとした時間」が流れていた。物事を客観的に俯瞰するように観察する眼は、そうした生活を通して養われたのではないか。

そして「何事も長いスパン（間隔）で考える」という佐藤の考え方を生む素地も、少年時代のこうした経験がたぶんに影響しているようだ。

▼祖父の山荘の跡地を桜美林学園が購入

「ものごとを長いスパンで考える」。このことは建築を考える上でとくに重要な観点である。

佐藤はスペインのバルセロナを訪問した際に、サグラダ・ファミリアを見学した。1882年に建設が始まった有名な教会は、完成までに200年はかかるといわれる長期プランによっている。

たとえば、この教会のエピソードを通して学生たちに、「時代の変化に適応しつつ、そこで生き抜く確かな視点」の重要性を説くことがある。

最近、議論される大学での学習成果の「可視化」にしても、「そう簡単に見えるものではありません。大学で成績が悪くても、後に大企業の社長や組織のリーダーになった人はたくさんいます」と、長期的な視野の重要性を強調する。

こうした視点は、軽井沢での生活が下地になっていたのだが、もう1つ、東京に転居後に結核という難病を患ったこととも関係しているのを見逃すことはできない。キリスト教の洗礼を受けるのはこの時期であり、その直後には、名付け親である祖父の死があった。

少し先を急いでしまったが、一家は佐藤が小学校4年生のときに東京に転居した。「軽井沢では勉強が十分にできない」との親心があったらしい。

最初に住んだのは目黒区中根町で、近くの区立八雲小学校に転入した。

「近くを走る環状7号線も整備される前です。駒沢球場が、プロ野球の東映フライヤーズ（当時）のフランチャイズだったころで、フェンスの壊れたところから出入りして遊んでいました。立教大学の長嶋らが来て、試合をしたことがあったのを憶えています」

中学、高校は、ともに新宿区大久保の海城学園に進んだ。近くの百人町に母、道子の妹の家があり、妹一家がアメリカに行って、空いていた。

戦争中に焼けた下落合の祖父の住宅は再建され、年老いた祖父母もそこに住んでいたから、2人の面倒を見ることも考えた。

「海城は、叔母の家から歩いていける距離だし、小学校の友人の兄も通っていました。

今では東京大学に毎年、50人近くが合格して、進学校の〝新御三家〟などと呼ばれるようですが、当時は個性的な生徒が多かった。男子校で荒っぽく、隣の私立高の生徒とケンカをするような生徒もいたようです」

母の言いつけで中学時代は合唱隊で歌い、学校では物理部の活動をしていたが、「勉強の方は『ろくでもない』成績だった」と笑う。

学校生活の転機は、海城高校1年生のときに結核と診断されたことである。

長期の入院はしなかったが、ストレプトマイシンを打ってもらい、学校を休むことが多くなった。1年の半分近くを欠席し、その結果、留年になる。

「早稲田の高校に入った弟と同じ学年になりました。家での自習自学、人との接触もままならない生活でした。いろいろ考えることもありましたから、あるいは忍耐強さのようなものも身についたかもしれません」

祖母は佐藤が中学3年のときに亡くなる。祖父の定吉も、前立腺がんの悪化で、母の弟が勤務していた東大病院に入退院を繰り返していた。

キリスト教の洗礼を受けるのは、そのような時期だった。

佐藤を病室に呼んで、手紙の口述筆記をさせるなどしていた定吉も、いよいよ余命が少ないことを悟り、赤ん坊のときから見てきた孫に洗礼をと考えた。

「祖父の遺書には、『自分のやってきた仕事を引き継ぐのは東洋士が適任と思うから、それなりの教育をするように』と書いてありました。これに対して親戚の中には、祖父から孫への〝一代飛ばし〟になるというので、反対する向きもありましたが、結局、私が祖父の意志を継ぐことになったのです」

「全東洋をキリストへ」。この神の言葉を託すかのように「東洋士」と名付けた孫が16歳に成長している。その遺書は、自らに課した使命をその孫に引き渡すことを宣言したものにほかならない。

そのことが佐藤に、清水が創設した桜美林学園というキリスト教主義の学校の仕事に専念させる伏線になっていた。これは否定できないだろう。

祖父の死後、軽井沢の山荘は親戚に受け継がれているが、その他は戦後の農地解放で地域の人たちの畑になった。

5千坪ほどの土地は、キリスト教海外医療協力会（JOCS）に寄付していた。古い切手などを集め、販売した資金でインドやネパールなどへの医師派遣やワクチン提供などの活動をしていた団体である。

「祖父の建てた講堂を改修した集会室で、日本中から集めた切手をボランティアの人たちが整理する作業などに使っていたようですが、公益法人改革があり、JOCSとして土地を維持できなくなったというので、桜美林学園で購入しました」

定吉の愛した土地が今、桜美林学園の施設として利用されようとしている。キリスト教を通じて交流した定吉と清水の意志が、この土地によってつながった。

それを仲立ちしたのが佐藤である。

「荒れた森林のままなので、少しずつ整理中ですが、貧しい子供たちの学校としてスタートした桜美林に相応しい施設を、と考えています」

そう語るのだった。

▼「１本の見えない糸」で結ばれた桜美林

「プロビデンス（神の摂理）だよ」。清水の口癖のように、佐藤と桜美林学園とのつながりは１本の糸で結ばれたように鮮やかだ。

そのことを佐藤は次のように表現する。

「いくつもの結び目があるのです。祖父が、旧制三高でキリスト教と出会ったこと、汎太平洋平和会議でヴォーリズさんや郁子先生と出会い、清水先生とつながったこと。父母が崇貞学園で教員として奉仕する機会を与えられたこと、そして私が、桜美林大学の設置目前に清水先生をお見舞いしたこと」

「これらが私をして、桜美林大学で学び、そして勤務し、学長、理事長、学園長として学園全体の責任の一端を荷わせることにしたのです。まさに、人々との出会いと、神様の計らいではないかと感ずるのです。私にとっての『プロビデンス摂理』キリストとの出会いと言っても良いと思います」

桜美林大学に奉職するようになっても、祖父の定吉が旧帝国大学の教授だったこと、クリスチャンとして幅広い人脈を培っていたことに、大きな恩恵を受けた。

「国公立と私立の区別なく、祖父の知り合いがいたことで、私学であることを意識せずに仕事ができました。後発の私学の学長だから、と気後れすることもありません。東大総長を務めた南原繁先生も祖父より2年後輩のクリスチャンで、親しくしていたようです」

そうした関係を通して、権威のある学者たちとのつながりもでき、国際学部の開設のような計画を進める上でも、スムーズに話を運ぶことができた。

「清水先生は、いろいろな場所、たとえば政治家などと会う機会にも、私を運転手兼助手として連れていき、祖父とのつながりを説明して、私を紹介してくれました。やはり祖父の孫ということの縁が働いていたのです」

この「大きなレガシー（遺産）」を思うと、やはりプロビデンス、「神様の導き」があったと考えたくもなってくる。

佐藤はいったん、慶応大学に進学したが、結核の影響で体調が思わしくなかった。その時期に清水の妻、郁子が亡くなり、母を車に乗せて見舞いに行く。

「桜美林に４年制大学ができるから、ぜひに」という話になる。

小学生の頃から、崇貞学園の清水夫妻が日本で、「桜美林学園」という学校を再興していたことは聞いていた。

「ＪＲ横浜線の淵野辺駅から細い竹林の小道を歩いて、当時の木造校舎に清水先生ご夫妻を訪ね、お茶やケーキをご馳走になったことも記憶しています。しかし、郁子先生が亡くなって、お見舞いに行くまでは、学園とは全く別の生活をしていたわけですから、本当に清水先生との再会のタイミングが偶然のこととは考えられないのです」

「１本の糸」は切れることがなかった。

少年のころ、祖父の家に近い目白教会では毎年、クリスマスを祝う会が開かれ、佐藤もそのつど顔を出していた。

そこには祖父の交流のある多彩な人たちが訪れていた。

「陸軍中野学校を出て戦地に行っていた方は、熱心に教会に通われていました。その人が重度障害をもつ小中学生や大人も含めた人たちの施設を千葉で始めていました。教会に通う中で、障害者や弱い人たちのために働くことの大切さを認識しました」

そして、「そうした障害のある人たちが、両親が亡くなった後も安心して生活できる場をつくることはできないか」と考える。

大学ではアメリカに留学し、ボランティアやアルバイトを通して現地の実情を見る。そこで単なる障害者の施設ではない、生きた「コミュニティ」をつくることの重要さを知ることになる。

そうした行動を起こす準備、言い換えれば、「人の痛みをわかる人間になりたい」という理想が、大学に進む前の教会活動や祖父の交流関係を通じて、少年の心の中に育っていた。桜美林大学の卒業後もそこに残ったのは、「数年間、清水先生の仕事を手伝いながら、ネットワークをつくって社会福祉事業をやりたい」との思いからだった。

その大学で教職の仕事に就くことになるのだが、アメリカで見た「コミュニティ」の理想は常に燃え続け、大学の運営にも反映されている。

③人種や男女を差別しない教育のルーツ

▼奴隷解放の一翼を担ったオベリン大学

桜美林大学の提携校となっているアメリカのオベリン大学は１８３３年、日本では江戸末期の天保４年、全米初の男女共学校として開学した。

２年後には、初めて黒人学生を受け入れ、その後に活発化する奴隷解放運動の一翼を担った大学としても知られている。

厳しい奴隷制度のあった南部各州と隣接したオハイオ州にあり、南部の黒人奴隷を隣国のカナダに逃がして、自由の身にしてやるための拠点となっていた。

中でも１８５８年に起きた「オベリン—ウエリントン奴隷救出作戦」では市民や大学関係者、学生ら37人が逮捕され、その裁判は大きな議論を巻き起こし、奴隷解放への一里塚になった、と伝えられる。

リベラルな理念によって創設された大学ならではの活動だった。

初代学長のアサ・マーハンは学生によって選ばれた。２代目のチャールズ・フィーニーとともに名前の知られた牧師で、熱烈な奴隷制度の廃止論者だった。

「エヴァンジェリスト（伝道者）とよばれる信仰の人たちで、聖書の教えに忠実に生きるなら、この社会と妥協してはいけない。むしろ、聖書とかけ離れた社会なら、その正義が実現できるような社会に改革していくべきだ、と考える人たちだったのです」

佐藤は、そう解説してくれた。

聖書の教えに忠実にというと、原理主義的な保守派のイメージでとられがちだが、実際は極めて進歩的な思想として知識階級にも受け入れられていた。それが、奴隷制度のあったアメリカの大学で、初めて白人と黒人が机をならべて学べる環境を可能にしていた。

清水は京都の同志社大学神学部を卒業し、1917（大正6）年、日本人の宣教師第1号として中国・大連に渡り、その2年後に北京へ移り住んだ。

折しも、中国北方は大干ばつに見舞われ、多くの子供たちが苦しんでいた。

清水は北京の城門（朝陽門）の外にある倉庫で799人もの子供たちを無償で預かり世話をする。翌年に雨が降り、子供たちは親元に戻ることができたが、北京のスラム街に重大な問題があることに気づく。

「女の子の身売りです。字が読めない、計算ができない。そのため仕事が見つからず、身売りされざるを得ない状況だったのです。先生は、その子らのための学校を思い立ち、干ばつ時に子供たちを預かった倉庫で『崇貞学園』を設立しました」

１９２１（大正10）年、子供たちに読み書きそろばん、手に職をもたせる教育を施すための学校がそのスラム街に誕生した。

間もなく清水に、オベリン大学への留学のチャンスが訪れる。日本で最初に西洋美術博物館を創設した実業家、大原孫三郎が崇貞学園を訪れ、清水の子供たちを思う活動に感激し、留学を支援することになる。

１９２４年、妻の美穂と共に渡米、オベリン大学で学んだ清水はそこで、やがて桜美林学園の礎となる思想に出会った。

「オベリン大の理念を学び、崇貞学園も、中国のみならず日本や朝鮮半島の子供たちを分け隔てなく受け入れるようになります。国籍や出自を問わず、それぞれの民族の名前で学ぶことを奨励するような教育へと発展していったのです」

「そこで、先生のグローバルでユニバーサルな教育観が確固たるものとなり、崇貞学園から桜美林へと受け継がれるのです」と、佐藤は力説する。

▼「学而事人」につながった教育の理念

佐藤の次の第４代学長、三谷高康によると、オベリン大学は全米のリベラルアーツ・カレッジとしてはトップクラスの名門校である。

アメリカ各地の大学院で博士号をとった研究者の数では、オベリン大学の学部卒業者が最も多く、「実業家や法曹界で活躍する人材を養成するよりも、研究者を育てる大学」と見られていた。

日本からも多くの人材が留学している。妻の美穂を亡くした後、清水の伴侶となる郁子（旧姓・小泉）もそうである。

清水の1年後の1892（明治25）年、島根県に生まれた郁子は、東京女子高等師範学校（現・お茶の水女子大学）文科第2部を卒業し、その後、清水と同じ1924年にオベリン大学に進学し、宗教教育学を学んだ。

ここで2人に、互いに励まし合って勉強をするような親しい関係が生まれた。

郁子は、ミシガン大学の大学院に進み、博士論文の資料収集のため日本へ一時帰国したものの、そのまま青山学院女子専門部の教授となった。やがて、男女共学論を唱える教育専門家として脚光を浴びた。

そのころである。

崇貞学園の立ち上げに身を粉にして献身した妻を亡くした清水は、日本にいた郁子にラブレターを書く。その熱意、教育への思いが郁子の心を動かし、郁子は青学の教授という地位を投げ打って、北京に移り住んだ。

清水は、この郁子を失った翌１９６５（昭和40）年６月の学園誌『復活の丘』に「郁子と私」という文章を寄せ、次のように書いている。

「（中国で）講演を頼まれたが、司会者は『小泉郁子女史のご主人、清水安三先生をご紹介申し上げます。皆様もご存じのように、小泉女史は東京日日新聞の女性相談欄を担当しておられる方で、青山学院の教授であります。清水先生はそのご主人であります。ただ今から先生にご講演を……』。さすがの私も、全く面くらってしまった」

清水はこのあと、自分には郁子のように博士号も立派な肩書もないことを率直に述べるのだが、その行間には郁子への限りない愛情と、「私の片腕、ブレイン・トラスト（顧問）」と頼った伴侶の死への痛切な悲しみがにじんでいた。

４年制大学の創設を目前にしていただけに、そのショックはさらに大きかったのだが、このとき、佐藤が母に従い清水を見舞ったことは先述した。

佐藤は言う。

「ですから清水先生、郁子先生にとって、オベリン大学は自分たちが設立した桜美林学園の理念の象徴であると共に、２人が初めて出会った場所でもあるという二重の意味での聖地ともいえるのです」

余談だが、佐藤によると、オベリン大学には福沢諭吉の2人の息子も学んでいる。

「福沢は、アメリカの日本大使館に頼んで、大学を選んでもらったそうです。『都会ではないこと、遊び回られては困る』と『2人同時だから、授業料が高くないところ』の2つの条件で、大使館が選んだのだそうです。当時のオベリン大学は、篤志家から潤沢（じゅんたく）な寄付があり、授業料は取らなかったのです」

息子たちは、オベリン大学で2年ほど勉強し、その後、「実学を身につけたい」という福沢の希望通り、現在のマサチーセッツ工科大学（MIT）に移っているらしい。

フランスのアルザス地方に生まれたジャン・フレデリック・オベリンは地元の小さな村で牧師となり、世界で初めて子供のための学校を開いている。

その学校での教育は、子供たちに実際に手で物に触れさせる、そして学ばせることを大切にした。

「ミュゼオベリンという学校の跡地にある博物館に行ってみると、『えっ、1700年代にこんなものが』と驚かされるような顕微鏡など、子供たちに使わせたいろいろな実験道具が並んでいて、びっくりします」と佐藤は言う。

その教育が、「学んだことを社会や人々のために役立てる」の思想と重なっていく。

「今では、オベリンという名のつく学校は、ドイツには3つか4つ、ほかにも南アフリカ、オーストラリアにもあります。アメリカでは、アルザス地方からの移民が東海岸から西に進んでいく途上で、その名前をつけたのです。ですから、大学だけでなく都市や道路、山の名前にもなっているのですが、『学びかつ働く』というオベリンの精神を継承したい、という移民たちの強い思いからきているのです」

清水は、〝learning & labor〟を「学而事人」という熟語に意訳した。この「学んだことを社会や人々のために役立てる」の教えは現在でも、桜美林学園のモットーとして大切にされている。

▼「他者の価値観」を尊ぶことの意味

桜美林学園は、価値観や文化、言葉の違う世界の中にあっても、さまざまなコミュニケーションスキルを身につけ、対応できる人材の育成を目指している。

「幅広い知識や教養を身につけるだけでなく、また、自分の価値観のみを中心とするのではなく、他者の立場にも立って物事を判断できる」

そんな能力を養うことを大切にする教育は、オベリン大学との長い交流の歴史を通じて確立されたと言って良い。

アメリカの大学でも、ハーバードやエールといったところに比べると、知名度の低いオベリン大学だが、佐藤はあるとき、この大学の「日本との長く深いつながり」を実感する瞬間があった。

２０１５（平成27）年のイギリス出張で、ロンドンの日本大使館を訪問し、当時の駐英大使、林景一と面会したときのことである。

「外務省には、若い職員を海外に留学させ、研修させる制度がありますが、学士課程を学ぶ人たちは、これまでもかなりの数の若手外交官がオベリン大学に留学したとのことでした。林大使ご自身も、オベリンと、ほかの大学院のあるいくつかの学校のどこを選ぼうかと悩まれたそうです」

結局、林はアメリカ西海岸のスタンフォード大学に留学することになるのだが、オベリン大学を最後まで検討していたとの話が印象的だった。

学園創立90周年を迎えた２０１１（平成23）年、桜美林大学の学長だった佐藤は「J．F．オベリンとそのレガシー（遺産）～世界における教育思想の継承～」というタイトルで、記念事業を展開した。

「オベリンとはどういう人か、何をした人かということが理解できるように、いろいろな工夫をして展示しました。それらは今でも、多摩センターにある本学の施設、多摩アカデミーヒルズの中に、そのまま残っています」

同時開催したシンポジウムには、アメリカのオベリン大学とフランス・アルザスのオベリンミュゼ、ドイツ・ポツダムにある学校からそれぞれ教員を招き、熱心な討論が繰り広げられた。

「桜美林からは堤稔子先生に加わっていただき、それぞれの国で、オベリンの教育哲学がどのように受けとめられているか、共有すべきものは何か。清水先生は『J．F．オベリンこそは、私たちが今より後、生きんと欲する生涯を見事に生き抜いた人物である』とおっしゃいました。その意味はどこにあったのか、ということを議論しました」

その結果、各国の参加者たちから共通して出てきたのは、「Tolerance」という言葉だった。

「大辞林では『寛容、公差または許容される誤差』の意味と出ており、デジタル大辞典には『寛容さ、寛大または公正さ、公平さ』とあります。要するに、他人の見解、あるいは他人の行為に対する寛容さ、寛大さを『Tolerance』という言葉は示していて、これが、オベリンの神髄のところだという共通認識になったのです」

それは、「隣にいる人たちの痛みを知ること」と佐藤は考えている。清水も、オベリンの生涯を貫いたものをそこに見て、それに習うことを通して自らの教育を実践していた。そのように思われた。

キリスト教精神とはそのことを最も尊ぶ。

清水の考えた建学の理念、「キリスト教精神に基づく国際的人材の育成」は、そのような思索の中から生まれた。

たとえば、相手の考え方は、その人の価値観であり、自分の持っている価値観とは違っても、互いに許容しあう。国際的人材というのは、常に比較の眼差しを持って、価値観の違う人たちの考え方にも、それぞれ根拠があることを受け入れる。

それが寛容さ、寛大さであると佐藤は考える。

「聖書の中核には愛があり、清水先生も『教育は結局のところ愛である』と喝破しておられます。では愛とは一体何なのか。昔の日本人にはLove（愛）という概念はなく、日本語に訳すのに苦労したそうです。最初は、Loveの訳語に『大切に』という言葉を当てたそうです。私はそのことに感心し、すばらしいと思うのです」

「自分の隣人を愛する、大切にする、自分のことも愛する、大切にする。それが必要なのだろうと考えるのです。そうすると、いろいろなことがスムーズにいきます。『Tolerance』という言葉と同時に、『大切に』ということをそれこそ大切にして、日々を歩むように心がけています」

清水の理念を継承する佐藤の思いである。

▼学友と描いた「夢」のコミュニティ像

世界の国々、民族の多様性を知り、それぞれの価値観を的確に判断して行動に移す。それが国際人として求められるわけだが、日本という島国に生まれた人間にとって、それほど簡単なことではない。

ことに急速な変化をとげる現代社会の中で、インターネットを通して押し寄せる情報の真偽はもちろん、その意味づけを把握することの難しさは増すばかりである。

佐藤の幼年期からの生活を見てくると、そうした多様な価値観の世界を同時代の人たちよりも先に体験してきたようにも思われる。

異国の地に生まれ、多彩な国々の人たちが通う学校の教師だった父母に育てられる。帰国したときには、中国語と日本語の両方を話していた。

これほどグローバルで、価値の流動的な環境を生きた日本人は当時としては、誠に稀な存在だったと言えるだろう。

筆者はそのことが、「隣にいる人たちの痛みを知る」ということの本当の意味を、佐藤が確信を持って学生たちにも訴えることができる強さである、と考えた。

そこにキリスト教の教えが加わる。キリスト教がなければ、と想像を逞しくしないでもないが、「愛」の宗教であるキリスト教の家庭だったことによって、「他者に対する忍耐力、寛大さや寛容さ」が一層逞しく育まれることになったことは間違いないだろう。

学生時代の佐藤には「広野慶三」という同志のような友人がいた。同じ英文科の学友だったが、短大を出て仕事をしながら3年次に桜美林大学に編入されてきた。

「すでに結婚もしていましたが、障害のある人たちが見捨てられることのないような施設で意気投合し、『頒布会』という組織を考えました。障害者の人たちに温室栽培で花を育ててもらい、お客さんに月に1度でも届けるような……。障害者の親たちにも一緒に働いてもらって、それをビジネスにできないかと考えたのです」

大学に残ったのは「教員になるためではなく、清水先生のネットワークを通して事業展開を考えるため」というのは、実はそうしたビジネスが念頭にあった。

しかも、それは単なる施設ではなく、「親たちがいなくなっても、障害を持つ人たちが自活して生きていけるようなコミュニティ」であることが理想だった。アメリカへの留学で、そのことは確信になっていた。

「学校にいるなら、学長にならないと意味がないから」と言われ、研究室に移されたことは先述した通りだが、このコミュニティの理想は、「未完」のまま今も自分の胸の中にしまってある。

その後、大学の経営を任されるようになって少しずつだが実現したこともある。大学院に「老年学」を導入したり、学生寮と高齢者住宅やデイケア施設が同居する「桜美林ガーデンヒルズ」構想を展開したり……。そうしたことを考える時間もできてきた。

「私はたとえば、栃木県足利市で頑張っている『こころみ学園』のような活動を思うのです。障害者の支援施設ですが親も一緒に作業をします。家畜の放牧、ブドウの収穫、この生産の営みには地域の人たちも深く関わり、各地にワイナリーもできました」

「当時の特殊学校の中学生たちによって開かれたブドウ畑は２０１８年、開墾から60年を迎えたそうです。謝肉祭には、支援者の方々に、このワインがふるまわれるそうですが、これこそが本物の社会福祉だと感嘆せざるを得ません」

確かな実践例を見ると、学校で教えるものとはどうあるべきかを深く考えさせられる。そして、そうしたコミュニティを創る理想を学生たちが持ち、そのための学習に励むようになったら、どんなにか素晴らしいだろうと考える。

「大学ももっと多様化する必要があるのです。学問的に学ぶだけではいけない。別の何かが必要なのです。清水先生も分け隔てなく学生を受け入れることに腐心しました。キリスト教主義に基づく学校とは、私が目指したコミュニティのような要素も大切です。しかし大学もビジネスですから、安定的に継続することも忘れられません」

そこにジレンマがあることも否めない。

清水の名刺は、晩年まで『桜美林学園経営者』の肩書だったことは先述した。財団法人や学校法人の理事長、短大の学長など他の役職が多数あるにもかかわらず、「経営者」であることに筋を通そうとする姿勢だった。

佐藤はその点に、キリスト教主義の教育を目指す大学の理念と、その大学の発展にかける経営者としての理想を両立させようとした清水の強い覚悟とを読み取る。

④理想的な「センセイ」、愛の教育の故郷

▼中江藤樹の陽明学、そしてキリスト教へ

2005（平成17）年3月、清水の胸像の除幕式が北京市内の陳経倫（ちんけいりん）中学で開かれた。陳経倫中学校は、崇貞学園を前身としており、桜美林学園と創設年度を同じくする姉妹校である。

当時、桜美林大学長で、学園理事長にも就任していた佐藤は、桜美林中学・高等学校長、

本田栄一と共に出席した。

教員や生徒たちの熱烈な歓迎ぶり、そして陳経綸中校長の「84年が過ぎ去った崇貞学園は、北京現代化の模範的重点中学であり、清水先生の『学而事人』などに凝集された教育精神を吸収することは、依然として私たちにとって学校を運営するための大切な栄養となっています」というあいさつに感激した。

恵まれない子供たちのため、隣人愛の教育を実践して「北京の聖者」とまで呼ばれた清水の精神が今も現地の人たちの間に生きている。

「反日教育の印象がぬぐえない中国にも、敬うべき日本人には相応の礼節を忘れない中国の人たちがいることが分かり、偏った歴史の見方をニュートラルに見直すきっかけにしたい」と語る日本からの参加者もいた。

２０１３年（平成25年）４月には、清水の出身地である滋賀県高島市（旧・滋賀県高島郡新旭町）に「清水安三先生顕彰会」を設立され、満開の桜の下、ゆかりの人たちが地元公民館に集まった。

「先生は新旭町名誉町民となっていますが、生まれ故郷である琵琶湖西岸には、顕彰する会がなかったことから、北京市の崇貞学園ゆかりの地を訪ねた市民たちが中心となり、顕彰会の設立を呼びかけてくれたのです」

佐藤は、そう説明してくれた。

清水は中学時代にウィリアム・メレル・ヴォーリズの感化を受け、同志社大学神学部に進み、キリスト者としての道を歩む。

しかしそれ以前に、生まれ故郷の先輩の「聖人」に心酔していた。その清廉な生き方、徳の多い行いによって「近江聖人」とも呼ばれた中江藤樹である。

江戸時代初期の儒学者で、日本における陽明学の開祖といわれる。「藤樹書院」という塾を開き、武士も近所の人々も分け隔てなく学問を教えた。

海外でも広く知られる内村鑑三の名著『代表的日本人』では、取り上げた5人のうちの1人として「ここに理想の教育者（センセイ）がいる」と紹介されている。

「日本の歴史には、偉人と呼ばれる人は数多くいますが、『聖人』と呼ばれ、敬われる人は多くはありません。先生はわずか6歳のときに、伯父さんに連れられて、藤樹250周忌の大祭に出かけています」

その大祭での伯父との会話が、清水の著書『石ころの生涯』に残されていることを佐藤は教えてくれた。次のようなやり取りがあった。

藤樹書院までの道々、「大きくなったら何になるのか」と伯父に聞かれ、即座に「わしは陸軍大将になるんや」と、清水は答えていた。

式場に着くと、村長の後方に、白い夏の制服を着た師範学校の生徒が整列している。郡長の案内で県知事が入場して開式し、床の間に高く飾ってある位牌に向かって、誰もが畳に額をすりつけて拝礼する様子に、動かされた。

帰り道、伯父がまた聞いてきた。「お前はやっぱり陸軍大将になりたいのけ」と。

すると、清水はこんどは首を振って、「おんさん、わしはなあ、藤樹さんになってこまそうか」と答え、「藤樹さんになるのにゃ、どうしたらよいんけ？」と聞いた。

伯父は「そらお前、親孝行せにゃ、藤樹さんみたいな人にはなれんわい」と教えたというのである。

「清水先生が好きな言葉には『学而事人』のほかにも、『利人不利己』というのがあります。たとえ、自分には不利になっても、人がそれによって利を得るのであれば、率先して行動に移すべきだ、というのです」

「それは社会や人々に仕えようという志です。『そう考えると、学生たちに対しても、いたわりの気持ちを忘れずに教えるようになりました』と、清水先生の指導を受けたベテラン教員が話していたのを思い出します」

そして、こうした清水の考え方の原点は「藤樹さんのように……」という少年時代の素朴な尊崇の念にあったと言うのである。

同志社大学を卒業した清水は1917（大正6）年、宣教師として中国に渡る。当時は第1次世界大戦の最中で、日本も連合国に加わり、ドイツが支配していた中国の青島（チンタオ）を攻撃していた。

日本の中に大陸熱が高まりつつある時代だったが、「誰か、シナへ行かないか」の声に応え、手を挙げたのが清水だった。

「シナの貧しい人々のために伝道におつかわしください」

そのとき、清水の脳裏に去来していたのは、学生時代に奈良の唐招提寺でみた鑑真（がんじん）和尚の姿だった。5回の失敗と失明にもかかわらず、日本に渡り、仏教の戒律を伝えた鑑真に感激した経験があった。

藤樹から、今度は鑑真であった。さらにはキリストの教えへと、それぞれの生き方から次々と、自らの生きる上での大切なものを見つけていく。それだけ清水という人間は、真っ正直で、人間味に溢（あふ）れた感情豊かな感激屋とも言えるだろう。

「清水先生は、教員らから〝近江商人〟のようだと呼ばれることがありました。物を粗末にすることを嫌うタイプの人という意味もありますが、また、その進取の気性が強いことを言ったものでもあります。大学のスタートに苦労していたときには、『伝統を受け継いでいく喜びは残念ながらないが、伝統を創っていく喜びはあるはず』と周囲を激励していました」

清水の幼少期からの旺盛な感受性は、そうした近江生まれの「進取の気性」のなせるわざだった、と佐藤は見ている。

▼「やっさん」「ヤスゾウ」と親しみやすく

『代表的日本人』の中で内村は、清水の目標となった中江藤樹が「理想の教育者」になり得た理由を次のように分析していた。

江戸の初期、儒教を学んだ藤樹だが、当初は同時代人と同じように、保守的な朱子学の中で育てられた。なによりも「自己自身の内部への探究」が求められ、この神経の細かい若者は、神経過敏をつのらせていた。

しかし、進歩的な王陽明の著作に出会うことで藤樹は、悲観的な朱子学の圧迫から解放され、消極的な隠遁生活に追い込まれることを回避できた。

王陽明が創始した陽明学のお陰で、他の多くの日本人と同じように、「内気で、臆病で、保守的・退歩的な」人間にならずに済んだ。

孔子の内にあった「進歩性」を展開させた陽明学が、藤樹をして真の「実践的な人」へと変身させることを可能にした。

佐藤は、このことの意味を長く考えていた。

実は、桜美林学園の誕生に貢献し、初代理事長になったキリスト教社会活動家、賀川豊彦も藤樹について、内村と似たような、いやさらに突っ込んだ解釈をしていたからだった。

賀川によると、藤樹は江戸初期の社会にあって、キリスト教の感化を受けており、その思想はキリスト教的であった。

そうだとすれば、清水が藤樹の陽明学からキリスト教の聖職者へと進むことにも不自然さがなくなる。

1617(元和3)年、藤樹は仕えていた米子藩主が伊予大洲藩(愛媛県)に国替えとなり、母を残して祖父母とともに移住する。5年後、祖父が死去し、家督を相続する。しばらくして、母への孝行と健康上の理由により藩に辞職を請うものの認められず、脱藩して近江に戻った。ここで開いた私塾が「藤樹書院」と呼ばれた。

藤樹がキリスト教の感化を受けるのは24、25歳のころ、この伊予時代のことだったと賀川は指摘する。

そのうえで「陽明学派がキリスト教と一緒になった。しかし、陽明学といっても、シナ（中国）の陽明学ではなく、日本のキリスト数的陽明学であった」と論じた。

さらには清水自身も、同志社大学で講師をしていた30代の後半、「藤樹とキリスト教との関係」を研究し、「藤樹がキリスト教であったこと」を信じていた。

賀川はそうした事実も明らかにしている。

藤樹は「日本陽明学の祖」と呼ばれる。しかし現在、その学問は、陽明学でも朱子学でもなく、彼独自の「藤樹学」とでも言うべき独特の色彩を帯びていると見るのがほぼ定説化している。

明治から大正期には、多くの学者、文学者がキリスト教の洗礼を受けたが、日本側にはキリスト教をスムーズに受け入れる素地のようなものがあった。そのバックボーンになったのは儒教の伝統、しかも陽明学であったとの有力な説もある。

佐藤の祖父、定吉は神道や儒教、武士道を東洋的な「旧約」とし、その理解の上にキリストの福音による「新約」の日本を打ち立てることを目指した。

定吉が後にたどり着く「日本精神」は、これらの思想が渾然（こんぜん）と融合して形づくられたと見ることもできる。

同じように、清水も藤樹書院での学びからスタートし、藤樹の教えの中にキリストの感化を探るまでになっていた。

日本の高等教育には、輸入された東西の思想や宗教との葛藤が常に存在し、日本の伝統思想をどう位置付けるかという重大な問題の長い歴史がある。

明治中期に生まれた清水の成長過程でも、この人の中で、その典型となるような複雑な思想練磨の作業が繰り広げられていたことを指摘しておきたい。

佐藤によると、清水は、日本人が「学ぶ」ことを「勉強する」と言いたがることを指摘し、「中国語の勉強という言葉には強制する意味があって、あまり楽しくないニュアンスを持っている」と語っていた。

中国人は孔子を先哲とする民族ということもあって、論語の「学びて時にこれを習う。また楽しからずや」と学問を楽しむことを旨とする習慣がある。

一方、アメリカの学生には、学期末の試験で答案の最後に「先生の講義を心からエンジョイしました。ありがとうございました」と書くような習慣が見られる。

「学ぶこと、研究すること以上に楽しいことはないのであって、学生生活は何よりもまず楽しいものでなくてはならない」。それが清水の持論だった。

では、学校生活はどうあるべきか。

清水はアメリカの教育哲学者、ジョン・デューイの「学生生活というものは、決して単なる準備の時代ではない。人生の最も貴重な一時代としてそれ自身価値ある時代である。そして学校は一種の社会である」を例に引く。

それが「学校は、同じ目標に向かって進む友人同士、師弟同士の関係に重点をおくべきである。学友のみならず師弟の仲間意識こそ教育のカナメであり、本学の設立の基礎もここにあると確信している」という信念につながっていた。

それが、同僚や学生たちから、「やっさん」「ヤスゾウ」などと呼ばれた清水の親しみやすさを生み、「教育とは結局のところ『愛』である」の教育論の柱ともなっていた。

▼〝つけ焼き刃〟でないグローバル化の本領

「グローバル化」と言えば、最近の大学では、どこに行っても聞かれる。

しかし、その中身はとなると、「日本人の学生に向けてグローバル教育を施すこと」を指しているケースが多い。

これに対して、桜美林大学のグローバル教育は「さまざまな国の学生が共に学ぶという環境そのものを用意するもの」と、佐藤は強調する。

その上で、学而事人（学んだことを社会や人々のために役立てる）のモットーとキリスト教主義にある「隣人愛」をグローバルに実践していく。そのような人物を育てていくことが大学運営の指針となっている。

「清水先生は早くから、桜美林学園が中国、日本、アメリカをつなぐブリッジ（橋）になってほしい、と話していました。そのために役立つ人材を育ててほしい、と。私たちは、そのグローバル精神を大切にして発展していくことが、先生の『建学の精神』にも叶うことになると考えるのです」

崇貞学園とオベリン大学という2つのルーツがあった。「キリスト教精神に基づく国際的人材の育成」という建学の際の文言には、清水が中国で、そしてアメリカで身を持って学んだ経験が息づいている。

キリスト教の宣教師として派遣された中国で、飢饉により行き場を失った子供たちのために崇貞学園が生まれた。

敗戦、そして帰国後に、「復活の丘」に、その延長としての学校を日本に復興させたいと考えた。その願いが叶って、現在の町田キャンパスがある場所を見つけ、留学先であったアメリカのオベリン大学から名を取り、桜美林学園を設立した。

当初から、「価値観や文化、言葉の違う世界の中にあっても、さまざまなコミュニケーションスキルを身につけ、対応できる人材の育成」を目指してきた。

それは、幅広い知識や教養を身につけるだけでなく、自分の価値観のみを中心とするのでもなく、他者の立場を考慮して物事を判断できる能力を養う教育であった。

何よりも大切にしていることは、どのような状況の中にあっても、希望を失うことなく、問題解決に挑むことのできる強靭な力である。

過去の秩序やシステムが次々と変化する現代社会にあって、本当に必要とされる「リベラルアーツ教育」とは結局、どのような環境に置かれても挫けることのない自我を確立するためのものでなければならない。

自らの確信を、そう語る佐藤である。

１９７９（昭和54）年、88歳の米寿を祝った清水は、「教育とは結局のところ『愛』である」という考え方を得意のエッセイで表現していた。読者に問いかけるような形だが、確かな自信にあふれた内容に感動させられる。

佐藤が教えてくれたその文章は、次のようであった。

「学園のキャンパスで師弟が相逢うときにも一寸会釈するだけである。立ち止まって腰を曲げたりなどはせぬのである。只にこっと笑み、眼に友愛を輝かすのみでよいのである。教育は結局、愛であって他の何物でもないのである。この愛が、すれ違って行き過ぎる刹那（せつな）にも互に取りかわされるべきだと思うがどうか」

そして、この創立者の言葉を読むたびに、身が引き締まる。

「清水先生が存命だったら、大学の現状をどうおっしゃるか。『わしの考えるグローバル教育はそんな〝つけ焼き刃〟ではないぞ』。そう言われないよう、ひたすら前進、前進……です」と、佐藤は背筋を伸ばすのだった。

第3章　覚悟の「快進撃」、そして100周年へ

①カリスマの〝個人商店〟的経営からの転換

▼創立者への「直言」に強い危機感

清水安三の晩年のことである。佐藤は、この学園の創立者に向かって、次のような直言をしている。

「先生、桜美林で働く若い教職員の1人として、将来の計画やビジョンを示して頂きたいのですが……」

まだ助教授の身だったが、「生意気にも、そう申し上げた」という。

佐藤が教授に就任するのは清水が亡くなった翌年の1989（平成元）年、この年に国際学部を設置し、その際、「カリスマ創立者を失った大学運営の転換」を求めたのは政治学者、福田歓一だった。

佐藤自身も、清水が存命のうちから、その必要性に気付いていた。「創立者のカリスマ的存在の祈りによって個人商店的に運営されている」、その危うさを、である。

だが清水はこの佐藤の直言にも、「聖書には、明日のことを思い煩うな、とあるじゃないか。全て、神様が道を備えていらっしゃるのだから、心配する必要はない。プロビデンス摂理だよ」と答えた。

佐藤もそれまで、その聖書の言葉を旨として清水に付き従い、日々の仕事に全力を尽くし、桜美林大学のために汗を流してきたという自負がある。

しかし１９８０年代後半、急速な国際化と社会の変化は、それまでの高等教育のあり方を変革するよう迫っている。

桜美林大学は、スタート時の文学部に経済学部が加わり、さらに経済学部には商学科が設置されるなど、規模を拡大してきた。

教職員から改善が求められた「給与水準の低さ」も、新たに誕生した労働組合との交渉によって折り合いが図られている。

大学が大きくなるにつれて財政規模も拡大し、学生数も大幅に増える中で、「きちんと組織の整備をしなければならない」と、佐藤は考えていた。

「大学運営はもはや、プロビデンスを待つ祈りだけでは無理で、聖書の言葉のようなその日その日のやり方でなく、もう少し先を見たほうが良いのではありませんか、と申し上げたのです」

カリスマ清水を失った大学に、佐藤の「快進撃」があった、と言う人たちが多い。そのエネルギー源はここにあった。

大学を取り巻く環境の激変がその危機感を高めていた。

１９８６（昭和61）年、戦後の第２次ベビーブーム世代が18歳に達し始め、空前絶後の受験ブームが訪れていた。

そのピークとなる92年までを、学生からの膨大な学納金が大学側に臨時収入をもたらす「ゴールデンセブン（黄金の7年）」と呼ぶ関係者もあった。だが、そうした中でも佐藤は、ピーク後の極端な状況悪化を危惧していた。

いち早く、日本の人口動態の急変に注目していたからだった。

「確かに、ゴールデンセブンと呼ばれるような状況はありました。受験生の急増に対応するため、国も大学・短大に臨時定員を許しており、本学でもその恩恵でキャンパスの建物１つ分くらいの臨時収入はありました」

「しかし18歳人口は、１９９２年の２０５万人をピークに急速に落ち込むことが分かっていました。それがやがて１２０万人になり、さらに１００万人、80万人と減少することが統計上、計算できる。私は安閑としていられなかったのです」

政府も動き出していた。臨時教育審議会（臨教審）の設置によって、「大学改革」という言葉が使われるようになり、改革論議の流れが始まる。

文部省（当時）には、大学審議会が設けられ、大学の自主性を促す改革が始まった。

「大学入試も含めて、大学自身が自己改革を始めなければいけないと感じていました。センター試験、大学の個別入試という伝統的システムを維持しながら、高等教育を多様化、個性化せよ、との要請にどう答えるかが急務となっていたのです」

しかし、戦後の後発大学としてのハンディもある。

「戦後にスタートした学校でしたから、財務状況も決して豊かではありません。学部や学科を増設する、あるいは、カリキュラムを改編するなど新しい試みに着手するにしても、その経費を簡単に捻出（ねんしゅつ）できる状況ではありませんでした」

桜美林大学が設置された１９６６（昭和41）年は第１次ベビーブームの真っ最中で、戦後の私立大学の設置数では、この年が一番多い。１９６４年から68年までは私立大学の「急増期」と呼ばれ、毎年平均して20・６校が誕生していた。

それだけ、ライバル校の数も多い。

受験生が急増しても国立大学は増やさず、私立の増設で対応する。戦後一貫した国の政策は改まらず、臨時定員の導入された１９８６年に３３４校だった私立大学は現在、約６００校と１・８倍に達した。

規制緩和の流れの中で大学の設置審査も簡易化され、開設しやすくした結果ではあった。しかし18歳人口が減り始めると、短大を含めた定員割れの深刻化、設備・要員の伴わない大学の急増による「教育の質の低下」という副産物が社会問題化していた。

佐藤が学長に就任した1996年は、そうした状況下にあった。

さらに事態を複雑にしたのは、桜美林大学が立地する東京近郊の多摩地区の、この地区ならではの特殊事情である。

「大都市圏に大学の新設は認めない」。首都圏と近畿圏で1960年前後に制定された工場等制限法が、そんな縛りを生んでいた。

過密化を是正するために大都市への工場立地を規制するための法律だったが、多くの学生が集まる大学も都市の過密を助長するものとして、東京・大阪の都心部とその周辺での大学キャンパスの新設、拡張ができない状態が続いた。

この結果、首都圏では中央大学をはじめとする多くの大学が多摩地区に移転する現象が生まれ、桜美林大学のある町田市の隣、八王子市を中心に、この地域が大学立地の受け皿となる。

八王子市では、60万人ほどの人口の市内に、20以上の大学・短大・高等専門学校が集積する現象が生じていた。

▼機能強化で特色を打ち出す「学群」制

大学間の競争も激化する中で、学長に就任した佐藤が考えたのは、「どうすれば、持続的に発展可能な大学にできるか」だった。

21世紀に入ると、大学を取り巻く環境はさらに厳しさを増す。２００１（平成13）年には、全国の４年制の３割を超す大学が定員割れ、短大にいたっては６割という惨状を呈し、経営不振にあえぐところも出てきた。

桜美林短大も例外ではなく、佐藤はここで大きな決断をする。短大を廃止して、４年制に包み込み、桜美林大学を「学群」制に移行する大胆プランだった。

まず、短大の生活文化学科の募集を停止する。

「かつての家政科の名前を変えた学科でしたが、家政学とくにホームエコノミックスのような被服や食物調理では受験生も集まらず、もはや継続が不可能と、短大の教授会からも廃止の要望がありました」

しばらくして英文科も同様に募集停止し、短大の教員や助手たちの専門を生かして、文学部に総合文化学科を設置する。そしてこれを母体に２００５（平成17）年、総合文化学群（現・芸術文化学群）という最初の学群を設置した。

すでに、その制度の先駆けとなった筑波大学で教鞭をとった井門富二夫を招き、勉強を重ねていた、その学群制の導入である。

折しも、2005年1月、文部省の中央教育審議会が「我が国の高等教育の将来像」という答申を出し、この中で「大学の機能分化」の必要性を謳っていた。

大学が本来保有する機能とは、どのようなものか。

この「将来像答申」は、全国の大学を機能別に「世界的な研究・教育」、「高度専門職業人の養成」、「地域の生涯学習機会や社会貢献の拠点化」など7つに分類できるとした。そのうえで、それぞれの大学が個性・特色を打ち出すツールとして、それらの「機能」のいずれかを選択して独自分野を強化することが、大学を活性化する道につながる、との考え方を提示した。

佐藤は当時、中教審の臨時委員を務め、この答申に関わった。日本社会における大学の機能ということを考えてきた彼にとって「我が意を得たり」のタイミングだった。

すでに布石は打ってあった。

「大学の学士課程の教育はリベラルアーツを基本とする」。それが桜美林大学にとっての個性・特色である。「機能分化」を訴える答申が、佐藤の信念を後押しした。

学長に就任した翌1997年、経済学部の商学科を経営政策学部に格上げしていた。それをさらにビジネスマネジメント学群へ、国際学部は、文学部や経済学部の一部と統合してリベラルアーツ学群へ、それぞれ２００６年と07年に順次改編した。

これに２００６年に新設した健康福祉学群と、２０１６年のグローバル・コミュニケーション学群を加えて、現在の５学群体制ができあがる。

「従来の学部では担えない機能を包含する基本組織として、筑波大のクラスター（学群）カレッジに着目していました。井門先生の教示を受けて、本学もクラスター構想を具現化し始めたころに答申が出たのです。井門先生は、清水畏三先生と文部省の大学設置審議会で一緒だった関係で本学に来ていただき、大いに助かりました」

学群制が、学内の機能分化を進める有効な「ツール」となる。と同時に、大学のイメージとして「リベラルアーツ教育」に力を入れていることを学外にも強力に訴えることにもなった、と言う。

「私は新入生にも言っています。大学の４年間は長いようで、またたく間に過ぎ去ります。できるだけ早く自分の進むべき方向を定め、学習に取り組んでほしい。学群制の大きな特徴は、深く専門的な学習と、幅広い横断的な学習とを同時に実現できることです、と」

「ただ、こうも言います。興味や関心に合わせて自由に学習ができるメリットがある反面、自分をしっかり持っていないと流されてしまう。まずは入学当初に、基礎となる知識をしっかりと身につけることが大事になります」

それぞれの学群では、学問領域や教育目標に従って専門教育にまで進んでいく。その段階をたどるには、入学後1年から1年半のうちに大学での学びの基盤となるような学習を済ませておかなければならない。

そのために、「それぞれの学群での学習を高めていくための基礎基盤となる知識や技芸、体験・経験などを基盤教育のプログラムとして、入学して間もない時期に集中的に履修してもらっている」と言う。

佐藤は、アメリカ型の教養教育、リベラルアーツ教育の日本での代表格を国際基督教大学（ICU）に見て、「ICUに追いつけ追い越せでやってきた」という。アメリカのオベリン大学はリベラルアーツ・カレッジの典型であることは先述した。

「しかし、アメリカ型の教育を目指すといっても、リベラルアーツという名前の学問分野があるわけではありません。『アーツ&サイエンス』といわれるように、多彩な学問や技芸の複合体としてできあがってきたものであり、そうした総合的な学びのできるところをリベラルアーツ・カレッジと言っているのです」

「もともとは、古代ギリシャ・ローマ時代からの『自由7科』が源流にあるわけですから、単なる雑学的教養に堕してしまっては困るわけで、そこには当然、体系的で精緻なカリキュラムの組み立てが必要になってきます」

多彩なカリキュラムを整える上で、桜美林大学では、短大との統合や学群への再編が大きな効果を生んでいた。

「短大を廃止した際にも、その他の学部再編のときも、教員は１人として辞めさせていません。そのことが大学の教員の層の厚みとなり、学生たちの学習分野の選択の幅も広くなりました。外部からも、桜美林の強味と言われるようになりました」

これも佐藤の「果断な戦略」の成果と言って良い。

▼沖縄地域など「国内留学」でも異色連携

どちらかと言えば、海外留学に重きを置くと見られがちな桜美林大学だが、佐藤は学長として、地域や学術の分野を超えた「国内留学」にも確かな実績を残している。

学長就任から3年目の１９９９（平成11）年、沖縄県の沖縄国際大学、名桜大学と単位互換制度をスタートした。

現在は沖縄キリスト教学院大学や同短期大学を加えた3大学1短大と協定を結び、互いの大学が学生を受け入れ、交流の輪が広がっている。

沖縄からの学生たちは、「観光」や「ホスピタリティ」、「マーケティング」などに関連する科目の履修に積極的で、一方、桜美林からの派遣学生は「基地問題」や「沖縄の芸能、民話」といった地域限定の科目に注目している。

ともに「所属する大学では学ぶことができない科目を、双方の大学で補完できる取り組みが魅力になっている」と言う。

沖縄県との連携に力を入れたことには理由がある。

「清水先生は、国内で唯一、先の戦争の戦地となった沖縄の教育事情を心配し、1972（昭和47）年に沖縄がアメリカから返還される前から、学生を受け入れようと自ら出向いて、現地の高校生の面接などもしていました。その結果、本学を卒業して沖縄の中学・高校の教員になったり、修得したスキルで仕事をしたりといった人たちも増えているのです」

これも「清水のレガシー（遺産）」の1つということになるが、佐藤はさらに積極的に、多方面での教育連携を進めてきた。

「本学は演劇教育にも力を入れていますが、演劇では東京に5大学連合があります。東京芸大、明治、早稲田、桐朋、日大が集まって、協働の取り組みをしています」

東京芸大もそうだが、最近では、広島大や筑波大といった国立大学でも、私学との連携に前向きな学長が出てきたと言う。

佐藤は「大学間の連携も、産業界との提携も、学長のリーダーシップがあればできることです。国立・私立の枠を超え、あるいは地域的にも広げて考えることが重要になっていると思います」と語る。

沖縄はまさに、広域の「国内留学」の典型だろう。この結果、「沖縄のバイタリティーあふれる人たちが地元の活性化に頑張っている姿を見て、自分も就職活動で地方に目を向けようと思うようになりました」といった学生の声が聞かれる。

本土の盆踊りにあたる「エイサー」という伝統芸能を広げようと、桜美林大学には「沖縄エイサー部」というクラブ活動まで生まれている。

「学生時代に住んだ土地は『第２の故郷』として、その後の人生で何度も赴くところになるかもしれません。若いうちに国内の別の地域に住んでみる経験は、海外留学と同じくらい重要と考えています」と、その意義を強調する。

佐藤は２０１２（平成24）年、日本私立大学協会の副会長に就任した。

２０１６年の私大協の70周年記念事業実行委員会の担当理事を務めるなど、厳しさを増す一方の経営環境の中で、今後の日本の高等教育、とくに私立大学がどのようにあるべきかについて積極的に活動している。

私大協の事務局長、小出秀文は２０１８年から再び加速する「18歳人口の減少」について、「大陸棚から日本海溝の深みに落ち込むような危機」と表現している。

高等教育のグランドデザインを描く、パラダイムシフト（構造転換）を加速する。そうした基本姿勢で議論がなされている。

とくに戦後の新制大学が大多数で、しかも地方大学の加盟割合が大きな私大協では、「地方の大学の取り組みや主張をどのように本協会の内外に押し出していくか、これからの重要な課題」（会長・大沼淳）となっている。

佐藤も「私も全く同感で、大学の機能分化が要請されている中で、それを実現するには、各大学のこれまでの実績に加えて、構成する教員の状況や施設・設備の状態がどうなっているか。地域社会や学生たちが求めているものは何か、さらには、公的な財政的措置をどうすべきなのか。難問が山積している」と語る。

私立の各大学がそれぞれの「建学の理念」に基づいて、機能強化を推し進めることを、私大協としてサポートしていく。

たとえば、経常的経費に対する国の私学助成が10％を切るまでに落ち込んだ状況を是正するための働きかけも強めなければならない。

しかし、そのためには「教育の質的な充実、学術研究の高度化、地域・社会への貢献などを積極的に加速していかないと、こちらの要望への理解もなかなか得られない。高等教育はこう変わります、という情報発信を積極的に進める必要があるのです」と強調する。

地域と大学、大学間の連携・交流を通じて、地域振興や教育の充実を図ろうとする活動は各地で活発化している。

しかし、高等教育のグランドデザインと言っても、地方によって様々なケースがあり、他の地方からはなかなか見えない部分がある。私大協として多角的な議論を重ねてまとめていく上で、各大学の取り組みを「見える」形でどう評価するかが重要なポイントになるとも語る。

桜美林大学は２０１５（平成27）年5月、八王子市内などの大学、短大、高専23校と同市などでつくる連合組織「大学コンソーシアム八王子」に新規加入した。

２００９年に発足したこの組織は「大学・市民・経済団体・企業・行政などが主体性を持って連携・協働し、地域の活性化、外国人留学生の支援、情報の発信、調査研究、交流促進などを進める」と盛りだくさんな活動に取り組んでいる。

桜美林大学の第４代学長の三谷高康（当時）は「八王子地区には、桜美林の学生や教職員が多数住んでおり、このコンソーシアムへの参加により、学生の地域貢献活動や教職員の能力開発などにさまざま形のチャンスが増える、と楽しみにしています」と述べた。

とくに、地方から来ている学生や留学生にとっては、多摩地区を広い視点で捉え、それこそ「第2の故郷」との思いを深められるような活動の活発化が期待される。

これも桜美林大学として、地域や大学間の連携・交流を通じて教育の充実を目指すコンソーシアムでの実践例を「見える形で評価したい」という佐藤の理念に沿ったものである。

▼教育の「質」向上に行政側も意識改革を

佐藤の言う「教育の質」とはどのようなものか。私大協が発行する『教育学術新聞』(2018年新春特集号)の座談会で、次のように語っている。

「各大学が受け入れた学生の力を、卒業するまでにどれだけ伸ばせるか、が教育の質と言うのであって、外部から、『こうすれば質がこうなる』という話じゃないと思うのです。では、どうすれば大学の質が高いと証明できるか」

「イギリスの有力ランキングで、日本の大学は200位までに2校しか入っていません。それで一体、質が高いと言えるのか。やはり各大学がどういう人材を育成するのか、どう伸ばしたのかが測れる社会であってほしいと思います」

これに対して、大阪商業大学理事長・学長で私大協常務理事の谷岡一郎は次のように応じている。

「佐藤先生がおっしゃった通りで、たとえば、『スーパーグローバル大学創成支援事業』は、世界における立ち位置を上げるためと、東京大学はじめ盛んに宣伝していました。しかし２年もしてみると、ランキングは下がっている。それならその事業の採択の補助金は全部、国庫に返すべきだというのが納税者の意識だと私は思います」

そう指摘した上で、「文科省は盛んに、改革のサイクルＰＤＣＡで、取り組みの成果をチェック（Ｃ）しろと迫ってきましたが、自分のお膝元の国立大学、もしくは文科省の中でやっている施策に対してはずっとＰ（プラン）とＤ（ドゥー）ばかり……」と、チェック（Ｃ）や最終段階のアクション（Ａ）に至らないことを批判している。

私大協の「私立大学基本問題研究委員会」は、その中に２つの小委員会を設け、佐藤はその１つ、「私立大学の振興政策に関する検討小委員会」の委員長として、「高等教育の将来構想（グランドデザイン）」のとりまとめ役を任された。

この中間報告で、佐藤が最も強調したのは「教育費にかかわる多様な配分」についてであり、「いわゆる授業料は、国公私立で同じように負担してもらうのが良い」と訴える。

グランドデザインは長丁場の審議で、時間をかけて具体案を報告することになっているが、「実は、運営交付金を受ける国立大学では、教職員も『授業料をもらっている』という意識がないのです。教育費の配分基準の見直しは、その前提としてまず、国公私立の学生納付金の適正化から始めるべきです」と主張している。

佐藤には、「(学生数で) 高等教育の約8割を支える」私立大学が、日本の戦後の発展の中核を担ってきた、との自負がある。

圧倒的にプライベートセクターの比重が高いことを考えると、そもそも「国公私立」という言い方はやめて、「私国公立」と呼ぶべきだ、とすら論じる。

そうでもしなければ、国立優位の国の行政も、そこに胡坐(あぐら)をかく官僚や政治家の認識にも変化はないだろう。

「基本的に、国が義務教育のみならず、憲法上、高等教育も含めて責任を負うべきだったと思います。その責任を果たさないで、安上がりに私立学校に押しつけたから、これだけ日本の進学率を上げることが可能になったのです。国立だけでは、このような高等教育の発展はなかったでしょう」

「文科省もその辺のところはきちんと理解しているし、今からでも、私立も国立も公立もいずれに対しても共通の対応をしてもらうべきだ、ということは小出(秀文)局長だけでなく、皆さんが感じていることではないでしょうか」

そのうえで、最近の大学ランキングで上位に顔を出している神田外語大学や、海外との交流を重ねてファッション界のモデルとなっている文化学園大学の例を引きながら、「それぞれに努力をし、切磋琢磨することが必要であり、そのためにも、大学の経営者の多様な挑戦を可能にする自由さがなければならない」と、座談会の参加者に訴えた。

これには、常務理事の谷岡も「大賛成です。我々は建学の精神を持って、学生を育て、世に送り出す私学ですから、それぞれの創意工夫と競争こそがレゾンデートル（存在理由）です」と応じている。

地方創生が国の重要な政策課題となっている中で、大学の果たす役割の重要性が指摘され、期待が寄せられる。

しかし一方で、東京とその周辺部に大学が一極集中する傾向が続き、ついには、それらの地域での定員増を抑制する政策が実行されている。

これは、地方都市から大学が消滅していくことが危惧される状況を改善する取り組みとされるが、東京首都圏での定員増を止めることが、地方で大学が存続し続けるか否かには直結しないという反対意見もある。

１９９０年代末以降、地方都市では公設民営大学や一部私立大学の公立大学化という動きも進んでいる。

「人口減に苦しむ地方都市において、大学がどのような役割や機能を果たしてきたのか、また、今後果たしていくことが可能なのかについて、改善が求められる点は少なくありません。私大協として、真剣に議論を重ねているところです」

地方の私立大学が存立していくための条件や、高等教育機関の中での国公私立の役割の違いについて、全国各地に展開する私立大学は、それぞれの建学の精神に基づき、真剣な模索を続けてきた。

「私立大学は、時代の変化や社会のニーズに敏感に対応して、個性、特色のある教育研究の実践を目指してきました。その結果、地域の社会・経済を支える多様で重層的な人材を多数輩出してきています。地域文化の維持・発展、そして地域住民への生涯学習の機会提供など地域の振興と住民生活の質の向上の上でも、大きな役割を果たしています」

「その教育研究活動は、各大学の建学の精神に応じて多様であるだけでなく、各地域を支える高等教育機関としても多様であり、そこで育成される人材の多様性は、私立大学の社会的な役割を示すものとして極めて重要なのです」

佐藤は、そのように訴える。

②今「キリスト教大学」が担うべき使命

▼規模の拡大に伴う「世俗化」にも配慮して

１９８９（平成元）年、新たに国際学部を設置する際、当時の明治学院大学長、福田歓一がくれた言葉が、佐藤の「攻めの姿勢」を導いた。

「清水の亡き後も、そのカリスマで守りの体制になってはいけない。組織の維持を考えるのではなく、次の世代のために学園を発展させることに傾注すべきだ」

これが発奮のきっかけを与えてくれたのだが、実は、このとき、もう１人の「偉い先生」が口にしたアドバイスも長く心に残ることになった。

東北大学長、石田名香雄（なかお）である。

「杜の都（仙台）」から桜美林大学のキャンパスを訪れた石田は言った。「桜美林という名前なのだから、もっと樹があった方が良いのでは……」と。

「当時、私は教授に就任したばかり。学長は大野一男、理事長は清水畏三でしたが、石田先生の言葉にはっとする思いでした。緑の多いことを看板にする都市の大学から来られて、私たちの大学が、予想していたほどでないことに落胆されたのか、と」

丘陵地帯の広々とした農地、そこを「復活の丘」としてスタートした学園は当時、創立から40年を経て、幼稚園から大学院まで、小学校を除く各学校群の建物がキャンパスを埋めるまでに成長していた。

しかし、そのことが逆に、スタート当初の環境を損ない、「桜美林」という名のイメージにも影響しているとしたら……、「建築」にことのほか強い関心を持っていた佐藤には、人一倍考えさせられるテーマになった。

その後のキャンパス整備の上で、佐藤が常に念頭に置いていることだ。

しかし、大学の拡大に反比例するように後退するもの、それはキャンパスの樹々や緑ばかりではない。この大学の理念である「キリスト教の精神」はどうなのか。

「学生が増え、規模が拡大することで、一定の世俗化はまぬかれない」と佐藤は言う。とすれば、「キリスト教精神に基づく国際的人材の育成」を建学の精神に掲げる大学として、どう対応するかが問われる。

「現代社会において、いや、現代を生きる人間にとってこそ、キリスト教の考え方が大きな意味を持っています。日本人が西欧文明に触れ、その後の長い歴史を経る中で、クリスチャンではない人たちにとっても、生きる上での貴重な指針として息づいていることの重みを、学生たちにも知ってほしいのです」

キリスト教、あるいは宗教というものにも関心の薄い学生が増える。この「世俗化」の波は、学生数が1万人近くを数えるまでになった大学の１つの課題でもある。

佐藤の言葉に、そんなことを考えながら、キャンパスを歩く。

すると、建物内の各階スペースに、聖書の中から選ばれた言葉が、立て看板や垂れ幕に書き込まれて、学生たちの目に触れるように置かれていることに気付く。

「年間聖句」と呼ばれる「この学園に連なる者たちが1年間を通して指針とすべき聖書の言葉」として毎年、決められる。

「連なる者」とは、今学園で学んでいる者たちだけでなく、その家族や卒業生、教職員も含めて、桜美林に連なる人たちということであり、その年ごとの聖句を心に掲げて、希望をもって歩み続けたいとの願いが込められた。

２０１８（平成30）年の年間聖句は、新約聖書の「テサロニケの信徒への手紙」から選ばれた。

「いつも喜んでいなさい。絶えず祈りなさい。どんなことにも感謝しなさい」

これは、パウロがテサロニケの友のことを想ったように、自分に注がれた神の愛を信じ、自らその愛に応えて生きるとき、人は神と、「私とあなた」という深い人格的な交わりの関係で結ばれる。

それは人間同士の関係にも当てはまる。物質によってだけでは決して満ち足りることのない人間の究極的な喜びは、互いに愛し合い、相手のために祈り、互いの存在を感謝し合える関係に、その出発点がある。そう解釈できる。

「私たちの世界では、想像を超える出来事がたびたび起こります。しかし、たとえどんなことがあっても揺らぐことなく、迷うことなく、神の語りかけを聴き、いつも喜び、絶えず祈り、どんなことにも感謝できる者として、隣人と共に歩みたいということ。そんな思いを込めて選びました」

「清水先生は『クリスチャン・スクール（キリスト教の学校）は本来、イエス・キリストご自身を校長としているものであって、我々は皆、その僕（しもべ）に過ぎない』と言われました。時代を経ても、その思いは大切にしたい」

そう考えた佐藤の発案で毎年、学園の理事会で「年間聖句」を決め、学生たちの目につくところに掲げることが慣例になった。

大学入試でも、当然のことながら受験生の宗教を聞いたり、調査をしたりすることはない。しかし桜美林大学では、クリスチャンを対象とした「キリスト者特別選抜」や、「キリスト教学校教育同盟」加盟の高校の出身者を対象とした指定校推薦は、受け入れ人数は少ないものの、制度として残している。

キリスト教系の学校は、明治期から外国の宣教団（ミッション）によって創られたところが多く、「ミッション・スクール」という用語も一般的になっていた。

しかし桜美林大学の場合、創立者の清水自身が中国への宣教師だったことはあっても、他のミッション・スクールとは性格を異にしている。

清水の学んだ同志社大学は、「開校して13年目の１８８８（明治21）年、アメリカンボードの経営から独立していた」とし、「キリスト教主義の学校ではあるが、キリスト教の伝達を目的とする学校ではない」と、最近の入学式などで強調するようになった。

清水は早くから、「ミッションボードから何ら援助を受けておらず、ミッション・スクールではなく、クリスチャン・スクールである」（１９７３年『復活の丘』）と宣言した。

そして、こうも述べている。

「特長のない私学は決して栄えない。では桜美林の特長は何であろうか。宗教教育によって学生の品性を向上せしめることもその１つだが、ただ、抹香（まっこう）臭いファナティカルはいけない。学校の雰囲気がリリジャス（宗教的）であれば、それで良いのである」

佐藤も言う。

「たとえば、教職員の募集の際に、キリスト教学校で学んだ受験者に、何か宗教的なことで記憶に残っていることはあるかと聞いても、ほとんどの者が『ない』と答えるのが現在の日本の現状であります。本学のチャペルアワーなどの参加人数も減っています」

「これらがキリスト教学校の現状でもあります。しかし、キリスト教の理念はすでに日本人の生き方の上で空気のような当たり前の考え方にもなっていて、そのことが逆に、若い人たちにキリスト教ということを意識させていない、という面もあるのです」

▼「学而事人」の心とボランティア精神

明治期にプロテスタント系学校で組織された「キリスト教学校教育同盟」は1951（昭和26）年、ミッション・スクールという名称が使われることを避けるため、「キリスト教主義学校」と呼称することを申し合わせた。

それ以来、「キリスト教（主義）学校」という呼び名が一般的になったが、では、「クリスチャン・スクールに通う学生＝クリスチャン」ということにはならない中での大学のあり方をどう考えれば良いのだろうか。

佐藤は2011（平成23）年から、この同盟の理事長を5年間に渡って務めた。2014年には、それまでの任意団体から一般社団法人として歩み始めた中で、新しい連携の可能性について模索していた。

教育同盟が、どのような存在意義を発揮できるかをあらためて考えると共に、「新しい連帯を目指して、共に祈り、共に生き、共に歩む。その思いを一致させ、実践していく精神を忘れないことの大切さ」を訴えていた。

理事長に就任したのは、東日本大震災が発生した年である。

ボランティアという活動が活発化していた。市民が、学生が、個人として、グループを組んで被災地に向かい、各々ができることを現地の人たちのために実践する。

佐藤自身が、被災した出身高校の生徒たちを大学の施設に受け入れていたことは、すでに詳述した。

桜美林大学の学生たちも立ち上がり、現地に向かっていた。その様子を見ながら、佐藤は考えた。

「ボランティアの精神、人のためにお役に立ちたい、その心はもともと日本人にはあっただろう。日本語では『奉仕の精神』とでもなるのだろうが、しかし『ボランティア』と言う方がしっくり響くようになったのは、やはり、それを生んだキリスト教の精神が日本人に自然に受け入れられているからではないか」

そう考えて、教育同盟の中でも、キリスト教の学校の今日的な「使命」について議論を繰り返した。

確かに、日本のキリスト教徒は総人口の０・83％（２０１５年統計）と、１％にも満たない数字である。99％以上がキリスト者ではない国なら、日本では、キリスト教徒は例外的な存在と言われても仕方がないだろう。

しかし、若い人たちの風俗を見ると、キリスト教の一人勝ちといえる状況にある。結婚式はもちろん、恋人たちはクリスマス・イブに特別のデートを約束し、愛を告白する。最近ではハロウィーンやイースター（復活祭）でも、渋谷の街が大賑わいする。

この相矛盾した現象を分析すれば、日本人は「クリスチャンにはならないが、キリスト教的な常識が大好き」な国民ということにならざるを得ない。

「日本には、本学のようなキリスト教主義の大学が65ほどあります。これは私立大学全体の10％を超える数字です。ですから、教育の分野におけるキリスト教の貢献度は、その信徒の数に比べてはるかに高いということになるのです」

佐藤は、そのことの意味を考え、キリスト教主義の大学の使命に思いを致すことが重要だと言う。

キリスト教から派生した常識といえば、自由や平等、博愛といった思想がまず浮かんでくる。明治期に日本語に翻訳されたこれらの価値が、当然のように受け入れられている。しかし当たり前のものとなったことで、こうした普遍的な思想の生まれた背景にキリスト教があったことを知らないで過ごしてしまう若い人たちが増えている。

清水は、青年時代の学習によって、中江藤樹の陽明学がキリスト教の教えにも通じていることを考察し、「藤樹はクリスチャンだった」と喝破していた。

それは、清水が心酔した藤樹の学問が、親を大切にし、正直に生きることを旨とし、とりわけ貧しい者や弱い者に心を配ることに重点を置いていたことに着眼しての結論だったに違いない。

筆者が改めて述べるまでもなく、「教育は愛である」との清水の哲学は、キリスト教によってだけ生まれたものではなく、藤樹の思想にも大きな影響を受けている。

「学園の講堂には、右にジャン・フレデリック・オベリン、左には中江藤樹の額が掲げられてあります。不肖（ふしょう）私は、中江藤樹と故郷を同じくする者であります」

この堂々とした宣言に、清水が「教育の師」とする人物の姿が浮かび上がってくる。

そうした思いが凝縮した桜美林の「建学の精神」は、そこまで射程を広げて見るときに初めて、その深い意味がくみ取れるものなのだろう。

佐藤は「真の国際人とは」と問われて、「相手の国の社会や文化を比較する眼差しを持って、相手の立場がきちんと理解できる存在」とし、「日本の文化や価値観についてしっかりと説明できることが重要です」と言う。

そして「だからこそ、日本人が享受している自由、平等、博愛といった価値にキリスト教的な背景があることを理解し、確実に身につけることが必要であり、私どものキリスト教の大学が社会にも貢献することにつながるのです」と力説した。

２０２１年に創立１００周年を迎えるのに先駆け、学園では記念のロゴマークを公募し、１９９８（平成10）年度の経済学部商学科（当時）の卒業生、金子淳吾の作品が当選した。そこには、桜美林を象徴するチャペル（荊冠堂）と、その上に立つ十字架が鮮やかに描かれている。

現在、デザイナーとして他のコンペにも参加する金子は「１００周年に際して、過去を振り返る懐古的なものではなく、これからの桜美林をイメージさせる先進的なデザインに落とし込んだ。母校を愛する気持ちが強く、桜美林の１００周年ロゴだけは、どうしても選ばれたかったので、とてもうれしい」と感想を語った。

「キリスト教の大学」の新たな展開を予感させるロゴの完成だった。

▼ＩＡＵＰ会長「高等教育のイノベーションを」

世界の80カ国以上、約４５０人の大学総長や学長らが会員となっている世界大学総長協会（ＩＡＵＰ）という組織がある。

この協会の会長を、佐藤は２０１４（平成26）年から3年間に渡って務めた。最終年の２０１７年7月には、世界中から約３００人が参加してオーストリアのウィーンで総会が開かれ、そのホスト役をこなした。

日本私立大学協会は、佐藤を団長にして参加団を組み、加盟大学の関係者を中心とする46人（学生13人を含む）を送り込んだ。

総会は「教育におけるイノベーション」を総合テーマに、技術教育や就労と教育の関係など多くのセッションが開かれた。それぞれ、各国の高等教育の関係者らが自らの国の現状を説明しながら、活発な議論を展開した。

メイン会場は１４００年代半ばに建設されたホーフブルク宮殿で、その歴史ある荘厳な様式美が雰囲気を盛り上げていた。

開会式の会長あいさつで佐藤は、「私たち教育に関わる者は、社会の変化、科学技術の進歩に真摯（しんし）に向き合い、常に革新的であることが求められている」とスピーチし、大きな拍手を受けた。

ＩＡＵＰでは3年毎に総会を開催し、会員たちが一堂に集まり、次の3年間の議長を務める国に会長職を引き継ぐ。総会での論議は毎回、「高等教育のグローバル・ボイス（Global Voice of Higher Education）」として発信される。

「大学へのアクセス、教育の質保証など各国共通のテーマがある一方で、互いの文化の違いを尊重しながらその壁をどう越えていくか、急速な技術進歩に追いつかない地域との格差をどのように埋めるかといった個別の課題まで、総会のたびに、極めて生産的で活発な議論が展開されます」

3年間の会長職を務め上げた佐藤は、4日間に渡るウィーン総会の閉会式で、中央アジアの国、ジョージアのコーカサス大学長に会長職を引き継いだ。

IAUPは2015年に創設50周年を祝った。桜美林大学より1年早いものの、ほぼ同じ半世紀の歴史を歩んできた。その間に、世界の大学も変化を遂げていることを改めて実感したと言う。

「IAUP総会の雰囲気もそうです。50年前の第1回総会の写真を見ると、参加した人たちは皆、アカデミックガウンに角帽という正装で、学位を分野別に色分けしたケープを着用しています。いかにも学者然とした服装です。会場に入るにも、並んでマーチングするようにしていました」

しかし今では、そのような「誰が見てもこの人は学者であると分かるような身なり」で参加する人はいなくなった。

また、大学そのものが、「学問をする場所」という単純なイメージを変えていると言う。

「以前は、大学は最高学府として、それぞれの分野ごとに学問の頂点を目指すところという見方が強かったのですが、今では、学生たちが社会に出て行くためのいろいろな技術、スキルを身につけさせるという要素が非常に大きくなっているのではないか、と思わされます」

世界の大学を見ての実感である。

インターネットなど情報機器の普及で、国際社会は大きく変化した。発展途上の国々は先進国に追いつくための高等教育に力を入れるようになっており、一口に高等教育といっても地域ごとに認識の違いが生まれていることも否めない。

これは、国際社会が情報によって結びつきを強めると共に生じた多様性であり、国際会議のような交流の場にも、「地域の伝統や文化の違いを互いに認識し、多様性を維持しながらどのような発展を目指すか」が問われるようになった。

「欧州連合（ＥＵ）では、だいぶ前から『エラスムス計画』と言って、それぞれの国の大学の学生たちに在学中１度は、他の国や地域の大学で学ぶことを求め、それを卒業の条件とするプログラムも実施されています」

高等教育という共通のテーマの下で、世界の多様な地域の大学総長や国際機関のトップ、世界的企業の役員らと幅広い意見交換を重ねる中で、考えてきたことである。

多様性が増す一方で、グローバル化には、「情報が瞬時に地球規模で共有され、国や地域の持つ意味がより小さくなっていく」と見える一面もある。

人も物も、地球規模でより自由に移動するようになり、経済的価値を求めて活動をしようとすれば、多かれ少なかれ世界標準に従っていかざるを得ない。

だからこそ、年齢、性別、国籍、民族、宗教、言語、貧富などの多様性をどう調整するかが、なお一層問われる時代にもなっている。

私学の経営環境は、非常に速いスピードで大きく変化している。

「昨日と同じことを今日も行い、今日と同じことを明日も行っているようでは、私たちのミッション（使命）を達成することはおろか、競争に取り残され、存在意義すら失ってしまいます。大学が存続し続けるためには、私たち自身が時代の変化に対応して行動しなければならないのです」

ＩＡＵＰの会長を務め上げて、その思いをさらに強めた。

③「大学の勢い」、学園の100周年に向けて

▼「学習のフィールド」広げ目覚ましい躍進

１００周年が近づくと共に、大学の「鼓動」を伝えるような学生たちの活躍が、学内外で注目されている。

ことにスポーツ部の躍進は目覚ましく、野球部は２０１４（平成26）年、念願の首都大学野球連盟1部リーグへの昇格を果たし、そのわずか2年後、２０１６年に初優勝という快挙を打ち立てた。

この年、初出場した明治神宮野球大会でも準優勝を飾り、エース投手の佐々木千隼（ちはや）は、ドラフト会議でプロ5球団から1位再指名を受け、千葉ロッテマリーンズでプロ選手の道を歩み始めている。

それればかりではない。陸上競技部では、主将の田部（たなべ）幹也（当時・健康福祉学群3年）が桜美林大学では初めて、２０１８年正月の箱根駅伝に出場した。

予選会を通過しなかった大学の記録上位者で構成する「関東学生連合」のメンバーとしての参加だったが、任された箱根3区（21・4キロ）を見事に走り切り、在校生はもちろん、教職員や卒業生から喝采（かっさい）を浴びた。

「陸上競技部の駅伝チームは2013年に創設され、こちらも、わずか5年での快挙でしたから、100周年に向けてエンジンに火がついたようにうれしかったですね」

佐藤は、興奮の面持ちで振り返った。

この「喜び」はさらに、その輪を広げていた。

田部の箱根での激走シーンは、在学生・卒業生や保護者のための情報マガジン『Obiriner（オベリンナー）』の1面に、大きな写真で掲載された。

学園広報室が編集・発行するが、この躍動感あふれる写真を撮ったのがビジネスマネジメント学群2年生、川端優希だったことが大学関係者の注目を集めた。

川端は大学の写真部に所属しており、同じ学群の2年生、福田航平とともにその腕を見込まれて学園広報室の学生カメラマンとして採用され、大学関連のさまざまなイベントの撮影に携わっている。

「うれしかったのは、2人ともビジネスマネジメント学群という枠を超えて、自分の得意分野を広げ、挑戦をしていることでした。私は常々、『桜美林大学は、学生が主体的に学習する場であり、教室からキャンパス全体、地域社会、日本、世界へと学習のフィールドを広げてほしい』と訴えてきました」

「学び」と「出会い」の場を広げて、積極的に活動している川端、福田の２人の学生の姿が「頼もしかった」と言う。

もう１つ、佐藤を上機嫌にした理由があった。

川端、福田の２人とも、ビジネスマネジメント学群のアビエーション（航空）マネジメント学類に所属しているのである。

この学類にはエアライン・ビジネス、エアライン・ホスピタリティ、フライト・オペレーション（パイロット養成）の３つのコースがある。

これらのコース開設には、佐藤の独特の嗅覚と、特別の思い入れがあった。

職業として人気の高いパイロットではあるが、２０００年代に入ると、世代交代の時期を迎えてパイロット不足が世界的規模で懸念されるようになっていた。

佐藤は２００８年、いち早くパイロット養成のコースを設け、この航空業界の要請に応えることを実践に移した。

「私の弟がパイロットで、そんな関係もありますし、理工系でなくても可能だった」と、ここでも淡々と語るものの、早期の決断が実を結んだ。

すでに「１期生から６期生まで、就職率はそれぞれ１００％を達成し、希望者全員が副操縦士訓練生として航空会社に就職」という実績をあげている。

2人の学生のうち、川端は「空港のハンドリング業務に携わりたい」と、福田は「パイロット養成コースを希望しています」とそれぞれ、夢を描いて学習に励んでいる。

そのことが「新しい挑戦をして良かった」という喜びになった。

航空会社の副操縦士訓練生に採用された卒業生らからは、すでに、いくつもの便りが届いている。

「高校時代、本気でパイロットを目指そうと考えたのですが、なかなか難しそうだと思っていたときに、桜美林大学でパイロットの技能証明（ライセンス）が取得できる、と知りました。18カ月間の操縦訓練を経て、在学中にライセンスを得た結果、ライセンサー向けの採用で大手航空会社に就職できました」

こうした反響があるたびに、佐藤は「教育は時代と共にある。時代のニーズに応えることも使命の1つ」との確信をさらに強める。

すでに世界的にも、高等教育を考える際に、大学を最高学府や学問の頂点を目指すだけの機関とする従来の思考パターンを改める動きがあることは、前項で指摘した。

大学の教育には、「学問として学ぶ」だけではない何か、がなければならない。

日ごろ、そう考えてきた佐藤は、「大学がもっと積極的に『社会に出て役に立つ技能やスキル』を学生たちに身につけさせ、そのことで、新しい時代の要請に応えることも必要ではないでしょうか」と語る。

社会や企業が現代の学生たちに求めるものと、実際に学生が大学で身につけるものとのミスマッチ（不調和）が深刻化する中で、考えさせられる指摘である。

▼「キャンパス越えて『学び』を活かす」

大学での「学び」と「出会い」を、「自分探し」や「自分づくり」に活用してほしい。そのために、学生１人ひとりが、より自由に、主体的に自分の学習を組み立てることができるよう、さまざまな工夫をこらしてきた。

その思いを「学習」という言葉に込めた。

近年の佐藤は、この「出会い」の場を、教職員と学生や学生同士といった関係だけでなく、地域の人々も含めたコミュニティとして、より幅広く親密な人間関係を築くための環境づくりに努力している。

その取り組みを象徴するのが「桜美林ガーデンヒルズ」である。大学のある丘陵地帯の一角に、２０１７（平成29）年に開所した。

「ナルド」という桜美林学園１００％出資の子会社が運営するこの事業は、「学生、ファミリー、高齢者など、多世代の人たちが同じ敷地内に暮らす」というコンセプトで、従来大学では見られなかった試みと、各方面から注目される。

デイサービスや介護、訪問看護といった高齢者が安心して暮らせるサービスは他の施設と変わらないが、敷地内に「学生向け住宅」と一般住宅の計40戸を併設し、入居者が学生や地域住民とも交流できる。

趣味や学びを深めて、自分らしく暮らしたいという高齢者のニーズに応える。そこに、桜美林大学と連携した「学び」や地域の人たちとの交流も加える。

大学連携型のCCRC（継続的なケア付きの高齢者たちの共同体）などと呼ばれるが、大都市の高齢者が自らの希望に応じて移住し、「第2の人生」を歩むことを支援していきたいとの狙いがある。

佐藤が若いころ、障害者や弱い立場の人たちが自立できるコミュニティに強い関心を抱き、大学運営に携わる中でも、その理想を忘れずにいたことは先述した。

桜美林ガーデンヒルズの大胆な試みによって、佐藤が描いてきたコミュニティの夢に一歩近づくことになる、と言っていいだろう。

こうした取り組みを、佐藤は「キャンパスを越えて、『学び』を生かすもの」と表現するが、もちろん、大学の「学而事人（学んだことを社会や人々のために役立てる）」というモットーにも結びつく事業であることは間違いない。

さらに、大学の近くにある町田市・山崎団地の活性化プロジェクトも、「キャンパスを越える」活動の１つとして注目された。

２０１３（平成25）年から６カ年計画で、桜美林大学と独立行政法人・都市再生機構（ＵＲ都市機構）、地元自治会の３者が共同で進めている。

高齢化と空き家が目立つようになった団地を再生させようと、学生たちが中心となって毎年、夏祭りや防災キャラバンなどのイベントを企画し、多くの住民や企業・団体も参加するようになった。

この絆が深まったことで、山崎団地近くの廃校になった小学校跡地に大学の「芸術文化学群」の新しいキャンパスを開設することにもつながった。

すでに既存施設の解体や、新施設の設計作業が進んでおり、２０２０年４月の移転を目指すが、団地の空き室を学生のための宿舎として利用する構想もあり、社会的な課題克服に一石を投じる試みにもなる。

芸術文化学群は、「演劇・ダンス専修、音楽専修、ビジュアル・アーツ専修」の３分野で次の時代を担うクリエイターの養成を目指す。

団地プロジェクトでは、子供たちと共に神輿づくりを体験し、「子供の自由な発想や創造力に触れ、芸術を学ぶ者として考えさせられることも……」と語る学生たちもいる。

「それこそが、本来の『学び』の糸口というもの」と佐藤は、このプロジェクトの意義を強調して、次のように述べた。

「本学は、芸術文化のようなプロフェッショナル系学群の学生たちにも、専門だけに偏ることなく、『自立した人間』として社会全体を俯瞰できる総合的な能力を身につけてほしいと考えています。プロの表現者を目指すにも、表現力を生かして社会で仕事をするにも、団地活性化の体験は有効なエネルギーになるはずです」

▼新学長らと共にブランド力の一層強化へ

桜美林大学は、新しい学長（第5代）に畑山浩昭（ひろあき）を選任し、２０１８（平成30）年4月、新たな体制をスタートさせた。

この大学の文学部を卒業、アメリカで博士号を取得した畑山は、まだ50代半ば、副学長・学群長にも同年代をそろえ、「ゼロベースからフレッシュな議論のできる布陣で、伝統を守りながら、次世代の桜美林を創造、発展させたい」と抱負を語った。

佐藤は「任期は、学園の創立１００周年となる２０２１年3月までとなっていますが、大切な時期です。日本の18歳人口は２０３０年には１００万人、40年には80万人に減少すると想定され、さらにＡＩ（人工知能）の導入など社会の大変革が加速します。そうした波に飲み込まれず、しっかりとした舵取りを……」とエールを送る。

この10年余、桜美林大学は「ユニバーシティ」としての大学の理念に基づき、学群（カレッジ）ごとに特色ある教育や研究を実践してきた。1人ひとりの学生が、学部制とは一味違う自由な教育によって、どこまで能力を伸ばせるか、新たな「付加価値」を獲得できるかの挑戦の歴史だった、と言っていい。

その結果、信頼性の高い「大学ランキング」でも評価が高まっている。イギリスの高等教育専門誌「ＴＨＥ（Times Higher Education）」の日本版ランキングでは、「国際性」のカテゴリーで第30位にランクインした。外国人学生や教員の比率から、国際的な教育環境が整っていることが評価された。

さらに独立行政法人「大学改革支援・学位授与機構」が実施した評価でも、国際的な教育環境の構築（外国人学生の受け入れ、国内学生の海外派遣）について、「一般的な水準から卓越している」とのお墨付きを得ている。

しかし佐藤は、まだまだ満足していない。

「大学の出口、卒業時に、どれだけ成長できているか。その付加価値もいろいろでしょうが、たとえば相手の意図を理解し、自分の意見をきちんと言えること。簡単なようで、自分の中に『学び』の蓄積がなければ難しいことです。社会を動かす力、発想力といったものも、その上で生まれてくるのです」

「ですから、本学の新しいリーダーたちには、大学の教育・研究の『質』をさらに向上させてほしい。学生の個性や多様性を生かせる教育が課題になりますが、それには1人ひとりの学生をしっかりと見てやることです。教職員の数は限られていますから、たとえば進路指導といったデータ対応のできる部分にはＡＩを活用して人材を有効活用するなど、従来以上の工夫が必要になってくると思います」


桜美林大学では、すでに述べた芸術文化学群の「本町田キャンパス」（２０２０年）に加え、ビジネスマネジメント学群の「新宿キャンパス」の開設も２０１９年に控える。それぞれの学群の新拠点で、いずれも独立した大学にもなりうる規模を誇る。

「肝心なのは、その施設から生まれるプロダクト（製品）ブランドです。言うまでもなく、それが教育の質であり、学生に与えられる付加価値なのですから、消費者である高校生や父母の方々、教育関係者にも、その違いが分かってもらえるブランドでなければなりません」

これまで、さまざまな海外研修や留学のプログラムを用意して、４年間の在学期間に少なくとも1度は海外に出て、異文化の中での学習経験を通して、「優れた国際人」となるための考え方を養う努力を重ねてきた。

５学群での構成となった大学には、アフリカ、中東を含む多くの国・地域から約６３０人の留学生が学んでいる。学内には１３０人近くの外国人教員がおり、英語をはじめとした各地の言語で、実践的な会話を楽しむことができる。

世界各国の大学との提携や交流も年々、活発化しており、１００周年までには、海外からの留学生の数を全学生の約25％、２０００人超にまで増やす計画も進める。

「キリスト教主義に基づき、国籍や人種を超えて門戸を開いてきましたが、最近はＩＴなどの先進的な技術を学びたいといった留学生も増え、新しい職業分野の科目も増やしています。そして何よりも、こうしたグローバルな教育環境が整うことで、国内の学生たちにも大きな飛躍のチャンスが生まれているのです」

「国や文化を超えた多様な仲間と学び合える学園。創立者、清水安三が目指した理想に少しでも近づいているとしたら、こんなにうれしいことはありません」

１つひとつの言葉を選ぶように語る表情には、桜美林大学を新しいステージの高みへと飛躍させようとする経営者としての覚悟が読み取れた。

そして最後に、学生たちへのメッセージとして、次のように語ってくれた。

「私の祖父は手紙や原稿の最後に、『主の小僕』と書いておりました。自分は取るに足らない小さな者であるという意識からだったのだと思います。清水先生もまた、ご自身は取るに足らない『石ころ』だとおっしゃり、ハングリーに生きておられました。そういった気持ちが私たちにも必要なのです。学生の皆さんは、与えられた才能を活かし、学んだことを人のために使うという気持ちを持って、大学生活を送っていただきたい」

こう語る一方で、佐藤は「どんな組織も、そのリーダーのスケールの枠を超えることはない」という自戒の思いを、再び噛みしめているようだった。

佐藤 東洋士（さとう・とよし）履歴（（現）は現職）

〈学　歴〉

昭和 38 年	3 月	私立海城高等学校卒業	
昭和 41 年	3 月	慶應義塾大学経済学部中途退学	
41 年	4 月	桜美林大学文学部英語英米文学科入学	
44 年	2 月	米国カリフォルニア州立大学バークレー校留学	（～昭和 44 年 12 月）
45 年	3 月	桜美林大学文学部英語英米文学科卒業	
48 年	3 月	日本大学大学院文学研究科英文学専攻修士課程修了（文学修士）	

〈職　歴〉

昭和 45 年	4 月	桜美林大学職員	（～昭和 47 年 3 月）
47 年	4 月	桜美林大学文学部研究助手	（～昭和 51 年 3 月）
48 年	4 月	桜美林短期大学兼任講師	（～昭和 51 年 3 月）
51 年	4 月	桜美林大学文学部専任講師	（～昭和 59 年 3 月）
56 年	4 月	桜美林大学国際部代表	（～平成 2 年 3 月）
59 年	4 月	桜美林大学文学部助教授	（～平成元年 3 月）
61 年	4 月	桜美林大学企画室長	（～平成元年 3 月）
62 年	4 月	桜美林大学国際学部開設準備室長	（～平成元年 3 月）
平成 元年	4 月	桜美林大学国際学部教授	（～平成 5 年 3 月）
元年	4 月	桜美林大学国際学部国際学科長	（～平成 3 年 3 月）
2 年	3 月	桜美林大学学長補佐（学務担当）	（～平成 5 年 3 月）
4 年	4 月	学校法人桜美林学園評議員	（現）
5 年	4 月	桜美林大学副学長	（～平成 8 年 3 月）
5 年	4 月	桜美林大学大学院国際学研究科教授	（～平成 20 年 3 月）
8 年	4 月	桜美林大学長	（～平成 24 年 3 月）
8 年	4 月	学校法人桜美林学園理事	（現）
15 年	5 月	学校法人桜美林学園理事長	（現）
20 年	4 月	桜美林大学大学院大学アドミニストレーション研究科教授	（～平成 24 年 3 月）
22 年	4 月	学校法人桜美林学園学園長代行	（～平成 24 年 3 月）
24 年	4 月	学校法人桜美林学園学園長（桜美林大学総長）	（現）

〈学会及び社会における活動等〉

（所属学会等）

昭和48年　4月	日本英文学会
昭和52年　4月	大学英語教育学会
52年　4月	日本留学生問題研究会
61年　4月	民主教育協会
62年　4月	一般教育学会（現 大学教育学会）
62年　4月	日本アメリカ学会

（社会における活動等）

平成　4年 11月	学位授与機構審査会特別専門委員会委員	（〜平成8年3月）
6年　4月	日本学術会議教育学研究連絡委員会委員	（〜平成9年12月）
8年　1月	文部省学術審議会専門委員	（〜平成9年12月）
12年 11月	独立行政法人大学評価・学位授与機構大学評価委員会専門委員	（〜平成16年10月）
14年　5月	文部科学省大学設置・学校法人審議会特別委員（大学設置分科会）	（〜平成16年4月）
15年　6月	大学教育学会会長	（〜平成18年6月）
15年 11月	文部科学省中央教育審議会大学分科会制度部会専門委員	（〜平成17年1月）
16年　2月	文部科学省独立行政法人評価委員会委員（高等教育分科会・大学支援関係法人部会）	（〜平成19年2月）
16年　5月	財団法人大学基準協会理事	（〜平成24年3月）
18年　6月	文部科学省国立大学法人評価委員会専門委員（国立大学法人分科会）	（〜平成23年3月）
18年　6月	財団法人大学セミナーハウス理事長	（〜平成23年5月）
21年　2月	文部科学省中央教育審議会臨時委員（大学分科会）	（〜平成29年2月）
21年　6月	財団法人大学基準協会基準委員会委員長	（〜平成23年5月）
21年　7月	日本私立大学団体連合会高等教育改革委員会委員	（現）

平成22年 4月	日本私立大学団体連合会公財政改革委員会委員	（現）
23年 5月	公益財団法人大学セミナーハウス理事長	（～平成29年6月）
23年 7月	モンゴル国名誉領事	（現）
23年 10月	キリスト教学校教育同盟理事長	（～平成25年10月）
23年 10月	財団法人キリスト教学校教育同盟維持財団理事長	（～平成25年5月）
24年 4月	文部科学省大学設置・学校法人審議会会長	（～平成28年3月）
24年 4月	文部科学省大学設置・学校法人審議会 大学設置分科会長	（～平成28年3月）
24年 4月	日本私立大学協会副会長	（現）
24年 4月	公益財団法人日本高等教育評価機構理事	（現）
24年 4月	一般財団法人私学研修福祉会評議員	（現）
24年 6月	文部科学省学校法人運営調査委員会委員	（～平成28年3月）
24年 11月	文部科学省大学設置許可の在り方の 見直しに関する検討会委員	（～平成25年2月）
25年 4月	一般財団法人キリスト教学校教育 同盟維持財団理事長	（～平成27年6月）
26年 4月	スーパーグローバル大学創成支援プログラム委員会委員	（現）
26年 6月	世界大学総長協会（IAUP）会長	（～平成29年6月）
26年 10月	一般社団法人キリスト教学校教育同盟理事長	（～平成28年6月）
27年 2月	文部科学省高大接続改革システム改革会議委員	（～平成28年5月）
27年 10月	文部科学省「特定研究大学（仮称） 制度検討のための有識者会議」委員	（～平成28年3月）
28年 7月	文部科学省給付型奨学金制度検チーム会構成員	（～平成29年3月）
29年 4月	文部科学省中央教育審議会臨時委員	（現）
29年 4月	世界大学総長協会（IAUP）議長	（現）

〈賞　勲〉

平成 13 年	8 月	名誉文学博士（韓瑞大学）
16 年	5 月	名誉教育学博士（オハイオ ドミニカン大学）
17 年	4 月	名誉行政学博士（明知大学）
22 年	11 月	北京外国語大学名誉教授
24 年	4 月	桜美林大学名誉教授
29 年	4 月	旭日重光章　受章

平成 30 年 6 月 27 日現在

桜美林学園の歴史

大正 10年	5月	中国北京市朝陽門外に崇貞学園を創立
12年		北京市私立崇貞学園小学校に名称変更
昭和 6年	5月	崇貞女学校開校
11年	9月	崇貞女子中学校開校
21年	5月	財団法人桜美林学園（高等女学校、英文専攻科）認可
22年	4月	桜美林中学校を開校
23年	4月	桜美林高等学校を開校
25年	4月	桜美林短期大学（英語英文科・実務英語課程）を開学
26年	2月	組織変更により、学校法人桜美林学園認可
30年	4月	短期大学に家政科を増設
41年	4月	桜美林大学（文学部英語英米文学科、中国語中国文学科）を開学
43年	4月	大学に経済学部経済学科を開設
		桜美林幼稚園を開園
47年	4月	大学経済学部に商学科を増設
平成 元年	4月	大学に国際学部国際学科を開設
		短期大学家政科を生活文化学科に名称変更
5年	4月	大学院国際学研究科修士課程（国際関係専攻、環太平洋地域文化専攻）を開設
7年	4月	大学院国際学研究科博士後期課程（国際関係専攻、環太平洋地域文化専攻）を設置
9年	4月	大学に経営政策学部ビジネスマネージメント学科を開設
12年	4月	大学文学部に言語コミュニケーション学科、健康心理学科、総合文化学科を増設
13年	4月	大学院国際学研究科に大学アドミニストレーション専攻修士課程、言語教育専攻修士課程を増設
14年	4月	大学院国際学研究科に人間科学専攻修士課程、老年学専攻修士課程を増設
		短期大学を桜美林大学短期大学部に名称変更

平成15年	3月	大学経済学部商学科を廃止
15年	4月	プラネット淵野辺キャンパス（PFC）を開設
16年	4月	大学院に国際学研究科（通信教育課程）大学アドミニストレーション専攻修士課程を開設 大学院国際学研究科に老年学専攻博士後期課程を増設 大学院国際学研究科国際関係専攻博士前期課程と環太平洋地域文化専攻博士前期課程を国際学専攻博士前期課程に統合
17年	4月	大学に総合文化学群を開設
17年	9月	大学に日本言語文化学院（留学生別科）を開設
18年	4月	大学に健康福祉学群、ビジネスマネジメント学群ビジネスマネジメント学類を開設 大学に桜美林大学孔子学院（中国語特別課程）を開設
18年	9月	大学院国際学研究科国際関係専攻博士前期課程、国際学研究科環太平洋地域文化専攻博士前期課程を廃止
19年	4月	大学にリベラルアーツ学群を開設 短期大学部を廃止
20年	4月	四谷キャンパスを開設 大学ビジネスマネジメント学群にアビエーションマネジメント学類を増設 大学院に老年学研究科老年学専攻博士前期課程・博士後期課程、大学アドミニストレーション研究科大学アドミニストレーション専攻修士課程、大学アドミニストレーション研究科（通信教育課程）大学アドミニストレーション専攻修士課程を開設
21年	4月	大学院国際学研究科に国際協力専攻修士課程を増設
21年	4月	大学院国際学研究科国際関係専攻博士後期課程を国際人文社会科学専攻博士後期課程に名称変更 大学院に経営学研究科経営学専攻修士課程を開設 大学院に心理学研究科臨床心理学専攻修士課程・健康心理学専攻修士課程、言語教育研究科日本語教育専攻修士課程・英語教育専攻修士課程を開設

平成22年 3月	大学院国際学研究科人間科学専攻修士課程を廃止 大学院に経営学研究科経営学専攻修士課程を開設 大学院に心理学研究科臨床心理学専攻修士課程・健康心理学専攻修士課程、言語教育研究科日本語教育専攻修士課程・英語教育専攻修士課程を開設
22年 5月	桜美林大学多摩アカデミーヒルズを開設
23年11月	大学文学部総合文化学科、経営政策学部ビジネスマネージメント学科を廃止
24年 3月	大学文学部中国語中国文学科を廃止
25年 3月	大学文学部英語英米文学科、文学部健康心理学科、国際学部国際学科を廃止
25年 4月	大学総合文化学群を芸術文化学群に名称変更
25年11月	大学経済学部経済学科を廃止
26年 3月	大学院国際学研究科老年学専攻博士後期課程を廃止
26年11月	大学経済学部経済学科を廃止
27年 3月	大学文学部を廃止
28年 4月	大学にグローバル・コミュニケーション学群グローバル・コミュニケーション学類を開設
31年 4月	新宿キャンパスを開設予定

著者略歴

平山 一城（ひらやま・かずしろ）

ジャーナリスト。1975年、北海道大学法学部を卒業し、産経新聞社に入社。社会部、経済部、外信部を経て米国ジョンズ・ホプキンス大大学院（SAIS）に留学、国際関係論の修士を取得。モスクワ特派員や論説委員、編集委員を歴任した。著書に『大学の淘汰が始まった！』（宝島社）『長野県知事・田中康夫がゆく』（扶桑社）『信州スタンダードで大丈夫か⁉』（産経新聞）『聞き語りシリーズ　リーダーが紡ぐ私立大学史①　文化学園大学　大沼 淳』（悠光堂）など。

聞き語りシリーズ　リーダーが紡ぐ私立大学史②
桜美林大学　佐藤 東洋士

2018年9月10日　　初版第一刷発行

企画・協力　日本私立大学協会

著　者　平山 一城
発行人　佐藤 裕介
編集人　冨永 彩花
制　作　原田 昇二
発行所　株式会社 悠光堂
〒104-0045 東京都中央区築地6-4-5
シティスクエア築地1103
電話：03 6264 0523　FAX：03 6264 0524
http://youkoodoo.co.jp/
デザイン　J.P.C
印刷・製本　明和印刷株式会社

ISBN978-4-909348-13-5　C0036